貝葉裏的說書人

尋訪佛經與文史的故事

林伯謙——著

目次

附錄

自序
文化的融合

林伯謙

瞬息萬變的世代，不時有新穎的發明闖入生活中，有時懶得跟進，甚至內心還抗拒變化的快速，但時代浪潮一波波，逐漸將抗拒的心理稀釋消解，於是慢慢轉變成接納、轉變為認同。在我們的生活中，常因為不了解而產生誤會、憂懼或對立，也因為認識、熟悉而多一分體諒和包容；對於不同文化彼此的交會、衝擊、磨合與容受亦如是。

佛教傳來中國，先是依傍方術，後又附託玄學，從而扎根茁壯，到兩晉南北朝，上自帝王將相，下至販夫走卒，各階層遍佈信佛皈依的三寶弟子；然而儒釋道之間的競合關係依然代代承續，歷史上一些道學家與文學家費盡筆墨唇舌的攻訐撻伐是文鬥，著名的「三武之禍」則是雷霆萬鈞的暴力鎮壓，佛教在適應本土風俗民情之餘，也挺過無數驚濤駭浪，同時將思想文化與巧妙技藝滲透到社會各領域，如同著鹽水中，渾然無跡卻有了鹹味；又如芝朮蔘桂合成丹藥，交互玄用，匯為一股不可或缺的精華，豐富整個民族的內涵，再也難以動搖。

平日時常閱讀古籍，不經意就讀到異代同風的神似故事，例如擅長彎弓射獵的飛將軍李廣傳奇，《史記》說：

廣出獵，見草中石，以爲虎而射之，中石沒鏃，視之石也。

弓箭是古代重要兵器，李廣射石，可以想見臂力強大，舉世稀有，但箭鏃穿石，難免讓人懷疑有無可能？然而《韓詩外傳》也記載：「昔者，楚熊渠子夜行，寢石以為伏虎，彎弓而射之，沒金飲羽，下視，知其為石。」另外在北周時期，大將李遠甚得宇文泰親遇，《周書》記載：「（遠）嘗校獵於莎柵，見石于叢蒲中，以為伏兔，射之而中，鏃入寸餘。就而視之，乃石也。太祖（宇文泰）聞而異之，賜書曰：『昔李將軍廣親有此事，公今復爾，可謂世載其德。雖熊渠之名，不能獨擅其美。』」顯見射石佳話不是空前絕後。

再看《後漢書．郭泰傳》記載孟敏「客居太原，荷甑墮地，不顧而去。」孟敏肩挑蒸食用的瓦器行於途中，瓦甑不慎摔破，孟敏毫不吝惜，看也不看，繼續前行。名士郭泰見了好奇問他，孟敏說：「瓦甑已破，視之何益？」

如此放得下的決斷力，無獨有偶，在李肇《國史補》卷上也記澠池道中，有車載瓦甕，堵在狹隘山崖路上，加上冰雪濕滑，進退不得，等候通過的車馬大排長龍，到了天黑仍莫可奈何。這時有位同樣要經過隘路的劉頗，見隘道堵塞，趨前探知原因，便問車上瓦甕值多少？就以等值的絲綢償還，隨即命僮僕斬斷車繩，推瓦甕於崖下，車輕始得行進，隘道死結也因劉頗的當機立斷而疏通。

像這種相似的故事，南宋孫奕《示兒編》中記載不少。《示兒編》不僅在卷十二〈兩伏波〉提到海寧令王約作〈忠顯王廟記〉稱馬伏波；瓊州守李時亮作廟記又稱路伏波，姓馬、姓路，究竟誰是誰非？原來漢代有兩位事蹟類似的伏波將軍：

> 前漢伏波將軍邳離（侯）路博德，武帝時討南越相呂嘉之叛，遂開九郡；後漢伏波將軍新息（侯）馬援，光武時討交阯二女子側、貳之叛，遂平其地，則是二人皆有功於南粵。

而《示兒編》卷十六〈事類〉，更列舉一大串雷同的例子，如：

> 三輔吏士東逆更始，見劉秀，皆喜曰：「不圖今日復見漢官威儀！」（《通鑑・漢淮陽王紀》）；桓溫伐秦，民爭持牛酒迎勞，曰：「不圖今日復覩官軍！」（《通鑑・穆宗紀》）。楚昭奚恤之對秦使，以子西、子敖、子高、子反爲寶（劉向《新序》）；齊威王之對梁惠王，以檀子、盼子、黔夫、種首爲寶（《史記・田敬仲世家》）……。

中華民族歷史久遠，史事偶然相近，還不算稀奇，我寫過〈訛傳的史實〉，也收在本書中，內容談到大魚吞舟，其實謝肇淛《五雜組》、馮夢龍《古今譚概．荒唐部》、景星杓《山齋客譚．海魚》、慵訥居士《咫聞錄．海中巨魚》皆有舟入魚腹的敘說；王立〈入大魚大蛇腹生還故事的佛經文化淵源〉認為此一母題於印度史詩和中古漢譯佛經中可找到淵源；然而文化的遇合像是長江大河，在奔赴大海的過程不時匯納細流而更壯大，文化交融衍變的程度，也會讓人大吃一驚！我們看到《舊約聖經．約拿書》也說：「耶和華安排一條大魚吞了約拿，他在魚腹中三日三夜。約拿在魚腹中禱告耶和華—他的神……。耶和華吩咐魚，魚就把約拿吐在旱地上。」所以進入魚腹而生還的故事也不僅見於佛經了。

既然人可以在魚腹中，當然也可以處在人腹內。我另外在〈佛經—故事的海洋〉提到梁代吳均《續齊諧記》的〈許彥鵝籠〉，故事裡的書生就可以吐出女子，女子又能吐出男子，這其實淵源於三國時期康僧會譯《舊雜譬喻經》卷上〈梵志吐壺〉，而在吳均之前，晉人荀氏《靈鬼志．外國道人》便見引用；晚唐段成式《酉陽雜俎．續集》卷四〈貶誤〉已發現源頭來自佛經：

> 釋氏《譬喻經》云，昔梵志作術，吐出一壺，中有女子與屏，處作家室。梵志少息，女復作術，吐出一壺，中有男子，復與共臥。梵志覺，次第互吞之，柱（拄）杖而去。余

以吳均嘗覽此事，訝其說，以爲至怪也。

魯迅於《中國小說史》評論此事說：「魏晉以來，漸譯釋典，天竺故事亦流傳世間，文人喜其穎異，於有意或無意中用之，遂蛻化為國有。」所以後來像《大唐三藏取經詩話》猴行者打敗化為白衣婦人的白虎精，但白虎精未伏，猴行者便作法讓虎精肚中生出千萬獼猴，開口吐之不盡，直到肚皮破裂；《封神演義》九十二回則寫楊戩被梅山豬精朱子真現出原形一口吃去，楊戩便在豬腹作怪，迫使其現形走到周營跪伏受斬。

然而人的身體畢竟不算小，所以故事敘寫，有時還會變成另一種樣態的進入。在東晉僧伽提婆譯《中阿含經》卷三十〈降魔經〉，就有魔王化為「異形」入尊者目連腹中；晚唐裴鉶《傳奇．聶隱娘》，聶隱娘得到女尼真傳，也是化為蠛蠓，潛入劉昌裔肚腸；《西遊記》五十九回說到孫悟空向鐵扇公主借調芭蕉扇，也是「變作一個蟭蟟蟲兒」，隨茶沫進入鐵扇公主肚裡。

佛經故事與《舊約》的「入魚腹」關係到底如何還很難說；但佛經故事確實也影響西方。丹麥安徒生（Hans Anderson, 1805-1875）撰寫童話，被翻譯超過百種以上的語言，其中「國王的新衣」（*Keiserens nye klær*），其原型早見於南朝慧皎《高僧傳．鳩摩羅什傳》：

如昔狂人，令績師績綿，極令細好。績師加意，細若微塵，狂人猶恨其麤。績師大怒，乃指空示曰：「此是細縷。」狂人曰：「何以不見？」師曰：「此縷極細，我工之良匠，猶且不見，況他人耶？」狂人大喜，以付績師，師亦效焉，皆蒙上賞，而實無物。

這個〈虛空細縷〉的故事，本是因為鳩摩羅什來到中土宣揚大乘空宗，而他那堅持小乘有法的師父盤頭達多非常氣憤，不辭遠道前來與他辯論，便說有一位狂人請織工織布，織工織得非常細緻，狂人還嫌太粗，織工一氣之下指著空中說：「這是最細緻的了！」狂人看不見，反而高興付錢給織工。織工食髓知味，一再故計重施，都獲得富貴人家的賞賜，但實際根本空無一物！

盤頭達多藉此比喻空法不可信，堪稱是高明的譬喻師，卻不料這故事像滾雪球般演變，居然傳到遙遠的北歐，變成裁縫師替國王紡織剪裁，只有智者才看得見的名貴新衣。

所以迥異的文化難免會有隔閡，而一旦交互融合，世界也將變得更繽紛多彩。

我喜歡聽故事，兒時還未入學，早晨起來就會跑到隔壁岳先生家，跨坐在岳先生肥厚腳板上聽故事。詳細的故事內容已經無法追憶，但聽故事的美好印記仍然歷歷在目。多年來，我從事學術研究，走傳統考據的路線，見到佛經及文史典籍有許許多多逸事趣聞，令人目不暇給，嘆為觀止，便默默記在腦海中，醞釀多年才完成本書。

本書收錄的各篇，是我在擔任學系行政工作和教學之餘，抽出時間來完成，每篇多少都有個人考證的心得，在此要感謝許多善知識成就這本書：起初是滿觀法師、林美惠副總編輯的引薦，才得以結識《人間福報．縱橫古今版》主編覺涵法師，法師特別開闢專欄，讓我有揮灑的空間。幾年來斷斷續續成篇，篇幅雖不長，也累積一定數量，如今行政工作卸下，有較多餘暇可以整理文稿，於是又費些時日作一番潤飾增補。承蒙臺灣商務印書館葉幗英經理的鼓勵並惠允出版，編輯工作由吳素慧小姐、劉曜徵先生二位合力承擔，在吳小姐細心的建議下，書名更為別緻，內容也大幅加長，還收錄多篇早年文稿，賦予本書更多價值與意義。另外要感謝系上黃婉郁同學與劉好音小姐，共同為本書繪圖，所畫的每幅圖都饒富趣味，不著一字，卻有會心一笑的領悟，年輕活潑的生命力，為本書添加不少亮點。

我曾到過梵剎林立的五臺山，在鎮海寺內瞻仰乾隆五十一年建造的十五世章嘉活佛舍利塔，塔側祈福殿前有對楹聯寫著：「事可利人皆德業；文能益世即文章。」這副聯語同樣見於晚清思想家魏源在南京別墅的湖干草堂書齋，寫作：「事以利人皆德業；文能益世即文章。」只一字略有歧異，但不妨礙聯語的整體精神；而我也期許書中涉及思想文化的融會互通，有利人益世的棉薄之功。

佛經——故事的海洋

佛教三藏十二部，
蘊藏許多生動篇章，
是取之不盡，
用之不竭之無盡藏。

佛教三藏十二部經典，義理深奧，常令人望之生畏，不敢親近。殊不知其中蘊藏許多生動篇章，發人省思。

在網路上流傳的〈黑白老鼠〉故事，講述旅人被老虎逼下懸崖，幸運攀住一株梅樹，驚魂甫定之餘，又見崖底有猛獅哮吼，還有黑白老鼠啃咬樹幹，他轉念思忖：「人生難免一死，樹幹斷了摔死，總比被咬死好！」索性吃起樹梅，沉沉的睡去，一覺醒來，所有危難已如雲煙不復存在。

還有〈國王的祕密〉，講述國王解救龍女而得到通曉百獸語言的能力，但這祕密絕不能讓第三者知道。國王常因聽見飛蛾、壁虎夫妻的吵鬧而忍俊不住，這使得王妃非常疑惑，甚至懊惱要自殺，國王一時想不出好辦法，就說：「等我出去散散心，回來才告訴妳吧！」

國王散步時聽見母羊也學著王妃要自殺，逼迫公羊就範，國王頓時有所感悟，便回宮跟王妃說：「我經常失笑，是因為想到從前和妳在一起的歡笑時光，喝茶時想到，吃飯時也想到，時時刻刻都不忘。」王妃說：「為什麼不和我分享呢？」國王說：「放在心裡比較甜蜜，就好像充滿香氣的琉璃瓶，一打開，香氣就散失了。」王妃得到滿意答案，放下疑心，深情脈脈的望著國王……。

這時國王突然聽見樑上母飛蛾對公飛蛾說：「你要多多學學，人類多麼會甜言蜜語。」母壁虎也對公壁虎說：「如果你肯那樣對我說話，我再也不和你爭吵！」國王又笑了……。

這麼有趣的故事，其實是改編自唐代義淨《佛說譬喻經》與三國康僧會《舊雜譬喻經》卷上〈王曉鳥獸語〉。

佛經中有數不盡的譬喻故事，從六朝以來被文人轉換成小說、寓言或笑話。例如《舊雜譬喻經》卷上〈梵志吐壺〉，梁代吳均《續齊諧記》已改寫成著名的〈許彥鵝籠〉志怪，內容敘述許彥挑著鵝籠，在路上遇見一位十七八歲書生走不動，請求寄身鵝籠，許彥以為戲言，不料書生真的鑽入鵝籠裏！

許彥就這麼挑著走了一段路才歇息。書生感謝許彥相助，從口中吐出一個銅盒子，裡面各式器皿裝滿美酒佳餚，兩人便一起享用，書生說：「我帶一女子隨行，我請她出來。」就從口中吐出個二八佳麗，三人一起飲宴。不久，書生醉臥，女子對許彥說：「我也帶了情人同行，千萬不能透露。」就從口中吐出一位二十餘歲的男子來。等醉酒的書生快醒了，女子趕緊吐出錦屏，把書生遮蔽起來，自己也進去錦屏中。

沒想到這名男子對許彥說：「我也私自帶了情人。」又吐出一名女子，和許彥一起飲酒談笑。過了許久，錦屏中的書生醒了，男子就迅速把女子吞入口中；與書生同寢的佳麗出來，又把男子吞入嘴裏……

故事裏的書生鑽入鵝籠，籠子沒有變大；書生在籠中也不擁擠，這又是《維摩詰經．不思議品》：「以須彌之高廣納芥子中，無所增減」的化用了。

再如齊代求那毗地《百喻經》卷三〈醫治脊僂喻〉，醫生治駝，用兩片板子痛壓駝子，駝子痛到眼睛都迸出來。明代江盈科的〈催科〉（即催繳賦稅）便借此駝醫治疾的故事，說醫生用兩片板子夾住駝子，而在他身上踩，把駝子踩死了，還宣稱：「我專業治駝，但管人直，哪管人死！」這是比擬地方父母官只管收稅，完全不管百姓死活，寫來入木三分。

《百喻經》卷二〈寶篋鏡喻〉還說有一人貧窮困乏，到處躲債，逃到空曠處，拾獲一件滿是珍寶的箱子，箱內有面鏡子，貧人原先撿到寶箱，大為歡喜，便打開它，不料發現鏡中人，心裡驚恐萬分，趕緊雙手合掌說：「我以為只是空箱子啊！不知您在裡面，可千萬別生氣啊！」

這種鏡中人的故事，在失譯名的《雜譬喻經》卷下說得更活潑誇張：有對新婚恩愛夫妻，妻子開甕取葡萄酒，看見倒映的人影，便怒斥丈夫藏嬌；丈夫也探頭看到男人的影子，反罵妻子無恥，兩人吵鬧不可開交，又找來梵志、比丘尼，都證實甕中有人，直到一位道人以大石破甕，葡萄酒流光了，才知空無一物：

> 昔有長者子新迎婦，甚相愛敬。夫語婦言：「卿入廚中取蒲桃酒來共飲之。」婦往開瓮，自見身影在此瓮中，謂更有女人，大恚，還語夫言：「汝自有婦藏著瓮中，復迎我爲？」夫自入廚視之，開瓮見己身影，逆恚其婦，謂藏男子。二人更相忿恚，各自呼爲實。有一梵志與此長者子素情親厚，過與相見。夫婦鬥，問其所由。復往視之，亦見身影，恚恨長者「自有親厚藏瓮中，而佯共鬥乎！」即便捨去。復有一比丘尼，長者所奉，聞其所諍如是，便往視瓮中有比丘尼，亦恚捨去。須臾有道人亦往視之，知爲是影耳！喟然歎曰：「世人愚惑，以空爲實也。」呼婦共入視之。道人曰：「吾當爲汝出瓮中人。」取一大石，打壞瓮酒，盡了無所有。

文中的「道人」，是六朝時期對和尚的通稱，宋代葉夢得《避暑錄話》卷下即云：「晉宋間佛學初行，其徒猶未有僧稱，通曰『道人』。」明代浮白主人《笑林》將此酒中人的笑話又改成鏡中人，故事說一商人外出做買賣，妻子囑咐他買一把像新月般的梳子回來。商人辦完生意，依稀記起妻子交代的事，抬頭見到了滿月，就買回一面鏡子。妻子取鏡來照，罵說：「梳子不買，偏娶了個妾！」母親來勸，見了鏡子也罵說：「既有心花錢，怎麼娶個老婆子！」於是吵嚷告官，官差來拘提，見鏡驚慌說：「要抓我逾越限期的差爺怎麼先來了？」等到審案，縣官見了也大怒說：「夫妻失和，何必央求鄉宦講情！」

記載在宋代大慧宗杲《宗門武庫》卷一的五祖法演禪師開示禪法，說他禪法像是會偷東西的老賊。老賊帶著唯一的兒子到有錢人家練習做賊，故意把兒子鎖在櫃內，又弄出巨響，自己倒先跑了！兒子好費一番折騰，先學老鼠咬嚙聲，又推石投井中等等技倆，終於擺脫追兵，安全返家。老賊見他全身而退，滿意的說：「你可以做賊了。」

五祖和尚一日云：「我這裏禪似箇什麼？如人家會作賊。有一兒子一日云：『我爺老，後我卻如何養家？須學箇事業始得。』遂白其爺。爺云：『好得。』一夜引至巨室，穿窬入宅，開櫃，乃教兒子入其中取衣帛。兒纔入櫃，爺便閉卻復鎖了。故於廳上扣打，令其家驚覺，乃先尋穿窬而去。其家人即時起來，點火燭之，知有賊，但已去了。其賊兒在櫃中私自語曰：『我爺何故如此？』正悶悶中，卻得一計，作鼠咬聲。其家遣使婢點燈開櫃，櫃纔開，賊兒聳身吹滅燈、推倒婢走出。其家人趕至中路，賊兒忽見一井。乃推巨石投井中，其人卻於井中覓。賊兒直走歸家問爺。爺云：『爾休說。爾怎生得出？』兒具說上件意。爺云：『爾麼儘做得。』」

明代劉元卿《應諧錄》照搬這則靈活應變的譬喻，還加上了案語：「善教者，導而弗牽，開而弗達，使人繼其志可耳！」

《文心雕龍・辨騷》讚美《楚辭》衣被後世詞人，無論才情高下，都能從中獲取益處，即使童蒙初學，也能拾取香草。《楚辭》就像瑰麗的花園，而佛經猶如浩瀚無垠的海洋，正是取之不盡、用之不竭的無盡藏。

鬥法

你有你的張良計，
我有我的過牆梯。
爾虞我詐，
在每一時空不斷輪迴。

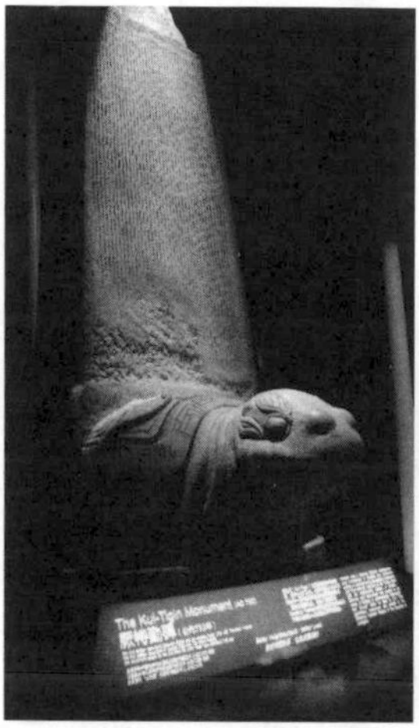

2010年上海世博土耳其館〈厥特勤碑〉及其文字

二〇一〇年夏秋期間，上海舉辦第四十一屆世界博覽會，土耳其館展出一件複製稀珍〈厥特勤碑〉，此巨碑由贔屭（能載重的大龜，傳說是龍生九子之一）馱負，造型極具中國風，卻何故放在土耳其館？原來土耳其與中國古代突厥有血緣關係，所以土耳其複製此碑表示雙方邦誼永固。

但事實上這塊碑別有玄機。「厥特勤」應作「闕特勤」，是人名，他是唐玄宗時期，東突厥毗伽可汗的弟弟，於開元十九年（西元七三一年）去世。毗伽可汗請玄宗賜文，玄宗御筆親書〈故闕特勤碑〉云：

彼蒼者天，罔不覆燾。天人相

合，寰宇大同。以其氣隔陰陽，是用別爲君長……，修邊貢，爰逮朕躬，結爲父子，使寇虐不作，弓矢載櫜，爾無我虞，我無爾詐。……且特勤，可汗之弟也，可汗，猶朕之子也。父子之義，既在敦崇；兄弟之親，得無連類。俱爲子愛，再感深情，是用故製作豐碑，發揮遐徼，使千古之下，休光日新。

石碑借助盛唐工藝與經濟實力，於隔年雕造竣工，一面是唐玄宗撰寫的漢文，另三面為突厥文，突厥文碑上有云：「漢人可汗的皇姨弟張將軍，則來建造陵墓，處理雕刻、繪畫事宜，以及備置銘文石碑。」

《新唐書．突厥傳》也記載：「闕特勤卒，使金吾將軍張去逸、都官郎中呂向奉璽詔弔祭，帝為刻辭於碑，仍立廟像，四垣圖戰陣狀，詔高手工六人往，繪寫精肖，其國以為未嘗有。」

此碑既是仰賴唐朝完成的兩種語文合刻，按理應將玄宗「爾無我虞，我無爾詐」的碑文意思轉譯成突厥語，宣布令突厥民眾知之；但出人意表的是，突厥文竟是由毗伽可汗口述說：「漢人詭譎奸詐」、「漢人的話語始終甜蜜，漢人的物品始終精美。利用甜蜜的話語和精美的物品進行欺騙，漢人便以這種方式令遠方的民族接近他們。當一個部落如此接近他們居住之後，漢人便萌生惡意。漢人不讓真正聰明的人和真正勇敢的人獲得發展。如若有人犯了錯誤，漢人決不赦免其他任何人，從其直系親屬，直到氏族、部落。你們這些突厥人啊！曾因受其甜蜜話語和精美物品之惑，大批人遭到殺害！」諸如此類告誡遠離漢人才不致滅亡的強烈積恨，與玄宗的意圖友好，視其情同父子，形成了弔詭的反差！想來玄宗視可汗為兒子，毗伽可汗實在無法容忍被矮化，所以來此一招。

透過〈闕特勤碑〉可以得知，這是兩個族群生存競爭的文鬥，看來毗伽可汗技勝一籌，玄宗天高皇帝遠，吃了認不得字的虧。

在佛經中也有不少佛魔鬥法的記載，《佛本行經．魔怖菩薩品》便是講述佛陀成道前，魔王使出種種手段阻撓佛陀，卻被佛陀一一降伏，敦煌變文〈破魔變〉即傳述了這個故事。晚唐敦煌壁畫，第一九六窟西壁還有〈勞度叉鬥聖變〉，此故事又稱為〈祇園記〉，同樣涉及鬥法，吳越時代景霄《四分律鈔簡正記》卷十五扼要敘述說：

舍衛國波斯匿王大臣須達爲兒聘婦，至王城，因見佛聞法證果，欲請佛歸舍衛。佛令舍利弗指受住處，遂以金買祇陀太子園作寺。六師嫉忌，詣王請與舍利弗試法，舍利以坐具於肩上，入眾昇坐。六師弟子名勞度叉，化蓮華、池山、龍、牛、夜叉鬼等，佛弟子化猛風、象、金翅、師子、毗沙門等對之。彼既不如，遂啼心降伏出家故也。

須達即是須達多，因為平時樂善好施，所以又稱「給孤獨長者」。他發心建立精舍供養佛陀，後來看上祇陀太子的園林，太子開玩笑說，只要黃金能鋪滿地面就願意出售。長者於是以黃金鋪滿園林，太子深受感動，也供養園中樹木，寺院因此稱「祇樹給孤獨園」，簡稱「祇園」。但是建寺之前，外道勞度叉等人極為忌妒，請與舍利弗鬥法，雙方施展法術，以一物剋一物的激烈纏鬥變易身形壓制對方，勞度叉不如舍利弗聰慧，最後舍利弗大勝，勞度叉輸誠出家，祇園精舍才得以順利興建。

另外在道略所集《雜譬喻經》中，也有北天竺木師與南天竺畫師鬥藝的故事，木師製作端正無雙的女偶，和真人無異，令畫師神魂顛倒，想入非非，而欲與共寢，才發現被捉弄，於是在牆壁畫自己吊死的慘狀。隔天木師從門外窺見，大吃一驚，立刻破門搶救，但仔細審視，方知受騙！兩人騙來騙去，互不相欠：

> 昔北天竺有一木師大巧，作一木女，端正無雙，衣帶嚴飾與世女無異，亦來亦去，亦能行酒、看客，唯不能語耳。時南天竺有一畫師，亦善能畫。木師聞之，作好飲食，即請畫師。畫師既至，便使木女行酒擎食，從旦至夜。畫師不知，謂是眞女，欲心極盛，念之不忘。時日以（已）暮，木師入宿，亦留畫師令住止，以此木女立侍其側。便語客言：「故留此女，可共宿也。」主人已入，木女立在燈邊，客即呼之，而女不來。客謂此女羞故不來，便前以手牽之，乃知是木，便自慚愧，心念口言：「主人誑我，我當報

之。」於是畫師復作方便，即於壁上畫作己像，所著被服，與身不異，以繩繫頸，狀似絞死，畫作蠅鳥，著其口啄。作已閉户，自入床下。天明，主人出，見户未開，即向中覷，唯見壁上絞死客像。主人大怖，便謂實死，即破户入，以刀斷繩。於是畫師從床下出，木師大羞，畫師即言：「汝能誑我，我能誑汝，客主情畢，不相負也。」

劉義慶《世說新語‧巧藝》有一則類似故事，講述西晉荀勖與舅父鍾會感情不睦，荀勗有價值百萬的寶劍放在母親那裡，鍾會便模倣荀勖字跡，騙得寶劍不還。鍾會繼承父親鍾繇的書風，張懷瓘《書斷》評云：「逸致飄然，有凌雲之志。」尤其擅長臨摹他人筆跡，攻下蜀漢的鄧艾就被他用這惡招誣陷謀叛而致死。

但荀勗也非省油燈，他處心積慮要報復。後來鍾家耗資千萬修建住宅，剛落成還沒遷入，荀勗極擅長繪畫，便潛往新居門堂畫了鍾繇像。鍾會兄弟一進門，見父親栩栩如生，就大感傷慟，又不能將畫移除，房子就這麼閒置不用了。

譬喻故事的兩位匠師，最後終究言歸於好，而且還領悟世人常相誑惑，便各捨親愛，出家修道；而鍾、荀交鋒則仍未善了。《晉書》說鍾會入蜀，既除去鄧艾，遂與蜀漢姜維合謀。司馬昭一向待鍾會不薄，不信他有反狀，荀勖則斷定他會忘恩負義，說：「會雖受恩，然其性未可許以見得思義，不可不速為之備。」於是獻策讓司馬昭順利弭平亂事。荀勖工心計、善謀畫，終其一生獲得晉武帝司馬炎推心置腹，顯然遠勝於不得善終的鍾會了。

四位花美男的人生

花美男，
如花一般美男子。
潘岳，
楊白花，
蘭陵王，
竺僧度，
各自有不同的一生。

「花美男」是源起於日本漫畫的流行語彙，顧名思義，就是如花一般的美男子。在中國，大家比較熟悉西施、王昭君、貂蟬、楊貴妃號稱「四大美女」，而把宋玉、潘安、衛玠、蘭陵王列為古代「四大美男」，也只不過有此一說，並未成為定論。例如春秋時期有位鄭國大夫子都，就是著名美男子，《詩經・鄭風》便說：「不見子都，乃見狂且。」《孟子・告子》也說：「至於子都，天下莫不知其姣也。不知子都之姣者，無目者也。」另外《左傳》說：「（宋）公子鮑美而豔」；《戰國策・齊策一》又說：「城北徐公，齊國之美麗者也。」顯然美男子太多了。

時代推移至崇尚柔性美的魏晉南北朝，妙有姿容、風神秀逸的男人更是多不勝數，《世說新語》也因此列有〈容止〉篇，暢談當時注重外貌的雅事趣聞。至於本文所要談的四位花美男，確確實實都跟「花」有些關係。

「貌賽潘安」的「潘安」，是指西晉著名文學家潘岳。潘岳字安仁，簡稱為潘安。因家學淵源，從小聰慧穎悟，惹人喜愛，六臣本《文選．藉田賦》注引臧榮緒《晉書》曰：「總角辯惠，摛藻清豔，鄉邑稱為奇童。」《世說新語》與《晉書》又記載：「少時常挾彈出洛陽道，婦人遇之者，皆連手縈繞。」婦女們不僅圍繞著他，還會爭遞瓜果，讓他滿載而歸，不知羨煞多少人。俊美的夏侯湛和潘岳友好，兩人同輿出行，京城譽之為「連璧」。

潘岳後來出任河陽令，命縣內遍植桃李，河陽成為天下花縣，庾信〈春賦〉因此說：「河陽一縣併是花。」他稱得上是愛花的花美男。

梁朝武將楊白花是以花為名的花美男。《南史》稱其少有勇力，容貌瑰偉，北魏胡太后見他英挺俊秀，大感傾心，便逼幸之。白花懼禍，南降蕭梁。胡太后思念不已，作〈楊白花歌〉，使宮人晝夜連臂蹋足歌之，聲甚淒絕，歌曰：

陽春二三月，楊柳齊作花。
春風一夜入閨闥，楊花飄蕩落南家。
含情出户腳無力，拾得楊花淚沾臆。
秋去春還雙燕子，願銜楊花入窠裏。

胡太后以楊花擬人，花隨春風吹入閨房，卻又飄落至南方！這使得她失魂落魄，軟癱無力，見花掉淚；但她仍渴盼像成雙的燕子，銜著楊花飛進窩巢裏。詩中但見相思之苦、期待之深，絲毫不因楊白花叛逃而有怨恨之意。

北齊蘭陵王高長恭是常戴面具征戰的花美男。蘭陵王高大健壯、勇敢有膽識，卻貌美如花，《北齊書》稱他「貌柔心壯，音容兼美。」為懾服敵軍，他戴面具上戰場，《北齊書》提起他一戰成名的戰役說：「芒山之敗，長恭為中軍，率五百騎再入周軍，遂至金墉之下，被圍甚急，城上人弗識，長恭免冑示之面，乃下弩手救之，於是大捷。武士共歌謠之，為〈蘭陵王入陣曲〉是也。」

芒山位在河南省洛陽縣北，又稱「北山」、「邙山」、「北邙山」，是人死埋葬之地，山間可想而知芒花開遍，而此役是北周調遣二十萬大軍，從長安出發攻打北齊的重大戰役。西元五六四年冬天，北齊重鎮洛陽被十萬敵軍層層圍困，城內形勢岌岌可危，如果洛陽陷落，將直接威脅北齊政權。在此危急關頭，蘭陵王率領五百騎兵衝向敵軍，他驍勇善戰，加上頭戴面具震撼人心，因而殺出血路，直抵洛陽西北邊的金墉城。這一陣衝殺也激起城內將士的戰鬥意志，於是裏應外合，由敗轉勝，士兵歡喜異常，便為此次大捷唱出〈蘭陵王入陣曲〉。

唐代崔令欽《教坊記》說：「大面出北齊。蘭陵王長恭性膽勇而貌婦人，自嫌不足以威敵，乃刻木為假面，臨陣著之。」段安節《樂府雜錄》也道：「以其顏貌無威，每入陣即著面具。」

慧皎《高僧傳》卷四也有位「神情爽拔，卓爾異人」的花美男「竺僧度」。僧度出家前，已有顏貌端正的未婚妻楊苕華，但苕華父母相繼亡逝，劇變讓僧度感悟無常而捨俗出家。苕華服闋，寫信勸說僧度髮膚不可傷毀，宗祀不可頓廢，並贈詩五首挽留，其中之一云：「大道自無窮，天地長且久。巨石故叵消，芥子亦難數。人生一世間，飄忽若過牖。榮華豈不茂，日夕就彫朽。川上有餘吟，日斜思鼓缶。清音可娛耳，滋味可適口。羅紈可飾軀，華冠可曜首。安事自剪削，耽空以害有。不道妾區區，但令君恤後。」

詩中的意思是以為天地久長，人生苦短，所以音樂、美味、綺羅、華冠等，皆是人間值得留戀的美好，期待僧度回心轉意，別再耽溺於無常苦空，即使不為她著想，也該考量家業的承繼。

僧度收到苕華書信及詩篇，也回信答詩，申明勿復相思的決絕：「機運無停住，倏忽歲時過。巨石會當竭，芥子豈云多。良由去不息，故令川上嗟。不聞榮啟期，皓首發清歌。布衣可暖身，誰論飾綾羅。今世雖云樂，當奈後生何？罪福良由己，寧云己恤他？」

僧度志不可迴，苕華最後受到感召，有所領悟而起深信，兩人的感情因正信而昇華，從此不在愛河輪迴。

四位花美男的人生結局：潘岳諂事顯貴，終遭趙王司馬倫夷三族；楊白花在侯景亂梁時，因妻子為賊所擒而投降遇害；蘭陵王功高震主，被迫飲鴆死去，唯有僧度超塵世外，傲岸林泉。

自古賢愚同一死，花美男並不例外，但有的徒留美麗軀殼，令人嘆息；有的土木形骸，以建功立業為先；有的樹德修身，成為濁世翩翩大丈夫、天人師。歸根究柢，端看一念心的轉折。

施術噀水

含水而噀，具有宗教法力功效，它在民間傳說，形成一套固定模式。

迎神廟會中引人注目的乩童，一邊搖晃著身軀，龍行虎步，一邊揮舞鋒利的兵器，將自己頭背砍得鮮血淋漓，扈從者在他旁邊則是含著一口口米酒，往淌血的傷處噴。

用米酒噴灑傷口，應是可以殺菌；不過含水而噀在道書的記載，確實具有不可思議的法力功效。北宋張君房《雲笈七籤》卷三十五便說做了惡夢不必聲張，只需「含水向東方噀之，云：『惡夢著草木，好夢成寶玉。』即無咎矣。」

在佛教典籍同樣可以見到許多神僧，不論是施展神通前的噀水祝禱，或咒水而噀，都能奇蹟般使重病患者痊癒、亢旱獲得紓解，甚至竹筍非時冒出地面……等等，神奇奧妙之至。試觀南宋志磐《佛祖統紀》可見一斑：

（若水法師）戒庖人備芽筍，庖以非時。日暮噀盂水於後圃，夜聞爆烈聲，明旦視之，筍戢戢布地矣。民人以疾告，呪水飲之，愈（癒）者莫紀其數。（卷十三）

閭丘胤初爲台州刺史，臨途頭痛，遇豐干（禪師），言從天台國清來。爲噀水治疾，須臾即愈（癒）。（卷三九）

（宋高宗紹興）五年，彌月大旱。詔道法師入內祈雨，結壇作法，以四金瓶各盛鮮鯽，噀水默祝，遣四急足投諸江。使未回而雨已洽，上大説（悅），特賜金缽。（卷四七）

我們若再觀察含水而噀的靈驗事蹟，則往往發現它有民間傳說的固定模式。下面且看幾例噀水滅火的故事：

葛洪《神仙傳》卷五記載東漢成都人欒巴在元旦朝會，將皇上賜酒含在嘴裡，一股腦往西南方向噴去，並奏云：「臣家鄉失火，故噀酒救之。」皇上於是命人前往成都勘驗，得到的回報果然說：「正月初一成都大火，幸好雨從東北來，熄滅了烈焰，奇的是雨水還帶著酒氣。」

《後漢書．樊英傳》則記樊英隱居壺山授徒講學，一日忽有暴風從西南來，樊英說：「成都火災！」便含水西向而噀，並命記錄時間。後有四川來的人證實當天大火時，東方飄來黑雲，降下大雨滅了火勢。

兩個故事很奇妙的都是成都失火。欒巴與樊英乃是東漢安帝、順帝時代，通曉陰陽，善推災異的方術家，所以噀水成雨的神蹟，分別出現在兩人身上；而它與《後漢書．郭憲傳》的故事，又是系出同源。〈郭憲傳〉云光武帝建武年間，郭憲從駕南郊，「忽回向東北，含酒三潠。執法奏為不敬，詔問其故，憲對曰：『齊國失火，故以此厭之。』後齊果上火災，與郊同日。」

這三者的記載大同小異，顯然是將同一滅火母題套用在不同的方術家身上。而類似的事蹟在《高僧傳．佛圖澄傳》中也出現：

> 澄又嘗與虎共昇中堂，澄忽驚曰：「變！變！幽州當火災！」仍取酒灑之。久而笑曰：「救已得矣。」虎遣驗幽州，云：「爾日火從四門起，西南有黑雲來，驟雨滅之，雨亦頗有酒氣。」

佛圖澄與後趙石虎共升中堂，佛圖澄忽然大驚說：「變！變！幽州當火災！」乃取酒灑之。石虎於是遣人往驗，幽州人果真回報當日黑雲從西南方飄來，一陣驟雨把大火滅了，雨也帶有酒氣。

佛圖澄生平在唐人編修的《晉書．藝術傳》同樣有記載，史官雖採錄慧皎《高僧傳》的內容，卻將「取酒灑之」寫成「取酒噀之」，因為噀水或噀酒，才是此類傳說的特定模式，慧皎當初採用「灑酒」，自是考量了出家人不飲酒的戒律。

對擁有神通的得道者來說，噀水成雨並不稀罕；不過既然成為一種特定模式四處流傳，難怪贊寧《宋高僧傳》卷四也說新羅國元曉大師曾示跡化人，「噀水撲焚」了。

長星竟天

拖曳光芒，照遍夜空的「長星」，俗稱「掃把星」或「彗星」，它擾亂了天象，也會影響人事。

夜空中的哈雷彗星

「長星」有兩種解釋。一指巨大明星，《三國演義》第一〇四回〈隕大星漢丞相歸天，見木像魏都督喪膽〉收了一首杜甫感嘆諸葛亮去世的詩，這首在杜甫詩集查不到的「杜詩」即說：「長星昨夜墜前營，訃報先生此日傾。虎帳不聞施號令，麟臺惟有著勳名。空餘門下三千客，辜負胸中十萬兵。好看綠陰清晝裏，於今無復雅歌聲！」長星墜落，也就表示諸葛亮死亡。

至於本文要談的另一種，是俗稱「掃把星」，或叫「彗星」的「長星」。古人認為它擾亂天象，天象亂了，就會影響人事，是不吉祥的妖星，而且還依其形狀和尾巴長短區分為「孛星」、「蓬星」、「長星」等不同名稱。

《隋書．天文志》言「芒氣四出曰孛」，孛星顯然很光亮，但未拖曳長尾巴；蓬星或如夜火之光，或色黃白，或狀如粉絮，亮度不及孛星，長度則有過之。

至於說「長星竟天」，也就是拖曳的光芒遍照夜空，但是比對文穎注《漢書．文帝本紀》的「長星出於東方」，說：「長星光芒有一直指，或竟天，或十丈，或三丈，或二丈，無常也。」長星雖然拖曳掃帚尾，不過長度似乎沒有絕對值了。

劉義慶《世說新語．雅量》記東晉孝武帝太元末年，長星現於天際，孝武心中感到厭惡，夜間在華林園飲酒，舉杯對長星說：「長星！敬你一杯酒。自古以來，哪有萬歲天子？」

太元末，長星見，孝武心甚惡之。夜，華林園中飲酒，舉桮屬星云：「長星！勸爾一桮酒，自古何時有萬歲天子？」

同樣是劉義慶所著《幽明錄》也有這段資料，文末還加上「帝亦尋崩也。」後來唐人纂修《晉書．孝武帝本紀》，亦錄此事，並說他不久就被張貴人害死了。

然而劉孝標注《世說新語》卻糾正此事為虛假，理由是太元末，僅二十年九月蓬星出現，而無長星的記載；又《漢書》云文帝八年，長星出東方，文穎注稱此星見，多為兵革事，此後十六年，文帝才駕崩，故證明長星與天子崩殂無關：

徐廣《晉紀》曰：「太元二十年九月，有蓬星如粉絮，東南行，歷須女，至央星。」按太元末唯有此妖，不聞長星也。且漢文八年，有長星出東方，文穎注曰：「長星有光芒，或竟天，或長十丈，或二三丈，無常也。此星見，多爲兵革事。」此後十六年，文帝乃崩，蓋知長星非關天子，《世說》虛也。

余嘉錫《世說新語箋疏》同意劉孝標見解，說蓬星出現才是帝王死亡徵兆，《世說新語》誤將「蓬星」寫成了「長星」：「孝武因蓬星之出，其占為王者死，故言古無萬歲天子。《世說》誤『蓬星』為『長星』耳。」我們若根據《宋書》、《晉書》〈天文志〉，確實也都記載太元二十年九月，蓬星出現，晉孝武帝駕崩。

再觀另一段資料：《宋書．傅亮傳》記傅亮親眼目睹長星竟天，拊髀曰：「我常不信天文，今始驗矣。」箇中詳情是這樣的：

劉裕於晉安帝義熙十二年（西元四一六年）北伐，相繼收復洛陽、長安，後因留守建康的左右手劉穆之去世而急速南返，並且陰謀篡位。當時有讖語云：「昌明之後有二帝」，昌明是東晉孝武帝司馬曜的字，也就是說孝武帝之後，晉朝還剩兩位皇帝，劉裕於是密使王韶之縊死安帝司馬德宗，另立其胞弟司馬德文，即東晉最後一位帝王—恭帝。

恭帝即位，劉裕晉封為宋王，都壽陽。在一次聚集朝臣宴飲中，他假稱功業已高，年齒衰暮，希望奉還爵位，歸老京師。眾人不曉其意，唯獨隨從劉裕北征的傅亮，在宴會散後才頓悟其旨，馬上轉返稟報，說將先回建康打點。

傅亮博覽群書，尤其長於文辭，劉裕是軍人出身，所以軍中表奏文書，都是傅亮代擬，《南史．傅亮傳》云：「高祖登庸之始，文筆皆是參軍滕演；北征廣固，悉委長史王誕；自此之後，至於受命，表策文誥，皆亮辭也。」算是劉裕最得力的文膽。

而當傅亮又步出王宮，便見長星竟天，他知道國祚鼎革的大變動要發生了，所以手拍大腿，說他本不信天文，現在竟應驗了！

經由傅亮協助，元熙二年（西元四二〇年）四月，徵劉裕入京輔弼，劉裕六月到京，恭帝就被迫禪讓，在位僅年餘。隔年，劉裕派士兵翻牆入室，逼恭帝喝下毒藥，恭帝不肯，說他信仰佛教，佛教是不准自殺的：「佛教自殺者，不得復為人身！」於是士兵用被子悶死了他。

現在若以劉孝標、余嘉錫所持見解來看，長星出現，意味有兵革，而恭帝畢竟還沒立即死，所以他們並沒有錯；不過傅亮與劉義慶皆是劉宋時人，纂修《宋書》的沈約也親歷宋齊梁三朝，因此以當代人對「長星竟天」的解讀，認為長星出現將導致換國君或改朝代的嚴重劇變，仍然是可以成立的。

淨土初祖何時共結蓮社？

慧遠大師於「攝提之年」，
與信眾建齋立誓，
發願往生西方極樂世界。

南宋宗曉法師（西元一一五一—西元一二一四年）《樂邦文類》立蓮社六祖，以東晉慧遠（西元三三四—四一六年）為始祖，慧遠出身儒門，幼好讀書，年十三，隨舅父令狐氏到許昌、洛陽遊學，廣博學習六經，尤其精通《老子》、《莊子》。二十一歲，他打算渡江拜訪名儒范宣子，但因後趙石虎被殺，中原動盪，往南道路阻塞，無法成行，聽說道安在太行山脈的北嶽恆山（今河北阜平縣北）立寺傳教，便與弟弟慧持一同前往聽經聞法，對道安極為欽仰。後來道安講《般若經》，慧遠豁然而悟，歎曰：「儒道九流，皆糠粃耳！」於是剃度出家。

慧遠晚年撰〈與隱士劉遺民等書〉談到他的人生由儒而道，由道而佛的心路轉折也說：「每尋疇昔遊心世典，以為當年之華苑也。及見《老》、《莊》，便悟名教是應變之虛談耳。以今而觀，則知沈冥之趣，豈得不以佛理為先。」

慧遠所以成為淨土開宗第一人，是因為他在廬山東林精舍，與宗炳、劉遺民等名士建齋立誓，發願往生西方彌陀佛國。《廬山蓮宗寶鑑》卷四也說：

（慧遠）徒眾往來三千，貞信之士一百二十三人。乃與劉遺民等十八賢爲上首，於無量壽佛像前，建齋立誓，同修西方淨土，結白蓮社。遺民著〈發願文〉，師自製〈念佛三昧敘〉。謝靈運恃才傲物，一見師肅然心服，鑿池種蓮求入社……。

鳩摩羅什譯《佛說阿彌陀經》，謂西方極樂國土有七寶池，八功德水充滿其中，池中有各色蓮花，大如車輪，「青色青光，黃色黃光，赤色赤光，白色白光，微妙香潔。」由於阿彌陀佛成佛前發下誓願：「來生我剎者，皆於七寶水池蓮華中化生。」極樂淨土分成了九品，人人都從蓮華化生，慧遠與信眾發願結社，才會以白蓮做為社團名稱。

慧皎《高僧傳》載有劉遺民〈廬山白蓮社誓文〉，開篇即說慧遠帶領信眾共結蓮社：

惟歲在攝提秋七月戊辰朔二十八日乙未，法師釋慧遠，貞感幽奥，霜懷特發，乃延命同志息心貞信之士，百有二十三人，集於廬山之陰，般若雲臺精舍阿彌陀像前，率以香

> 華，敬薦而誓焉。

根據《爾雅．釋天》云：「太歲在寅曰攝提格。」因此學界對於慧遠結社，多能把握「攝提之年」，但仍有三種不同說法：

一是孝武帝太元三年（西元三七八年）的戊寅年；

二是孝武帝太元十五年（西元三九〇年）的庚寅年；

三是晉安帝元興元年（西元四〇二年）的壬寅年。

這三種說法，筆者以為第三說才正確。

當前秦建元九年（西元三七三年），苻丕兵圍襄陽，道安大師分遣徒眾隨方布教，弟子慧遠率領數十人南下，途經潯陽，見廬山峰林清靜，足以息心，於是草創龍泉精舍以度眾利生，後來緇素二眾嚮風景從，至者日多，其同門慧永法師乃請託桓伊刺史於山之東，更立房殿。陳舜俞《廬山記》卷三記載此段擴建神蹟說：

> 一夕忽有雷雨，震擊詰朝，林麓大闢，唯素沙布地，兼有楩柟文梓良材。桓乃即其地，更立房殿，名其殿曰神運。以在永師所居（西林寺）之東，故號東林，即太元十一年，歲次丙戌寺成。

「太元十一年，歲次丙戌寺成」，由此可見太元三年雖符合「歲在攝提」，但當時東林精舍尚未建造，更遑論結社念佛了。至於覺岸《釋氏稽古略》卷二則明白指出立誓結社在太元十五年：

庚寅年，師謂劉程之等曰：「諸君倘有心淨土之遊，當加勉勵。」遂同發志於無量壽佛前，建齋立誓，期生淨土。由是僧俗凡一百二十三人，慕道同盟，棲心物外。

然而太元十五年七月一日是丁未而非戊辰；二十八日是甲戌，也非乙未，與劉遺民誓文所言不符；何況據志磐《佛祖統紀》等書謂劉遺民居廬山十五年，至安帝義熙六年（西元四一〇年），見彌陀放光摩頂，乃臥床西向而逝，則其應於太元二十一年（西元三九六年）才隱逸入山，又豈能在太元十五年撰寫誓文？

反觀晉安帝元興元年，不僅歲次壬寅；七月一日亦是戊辰；二十八日正是乙未，與劉遺民所寫誓文「歲在攝提秋七月戊辰朔二十八日乙未」完全相合，因此可證慧遠與道俗共結白蓮社，的確就在此時。

青溪廟神的故事流變

清溪小姑，
獨處無郎，
後人多為她譜寫人神戀曲；
但佛教典籍又將廟神
轉換成修行不力的
——竺曇遂。

北宋郭茂倩《樂府詩集》卷四十七收錄六朝〈神弦歌〉十八首，〈神弦歌〉是祀神之歌，上承《楚辭．九歌》人神相戀的風俗，以女巫或男覡表演歌舞，獻祭娛神。

〈神弦歌〉中的〈青溪小姑曲〉云：「開門白水，側近橋樑。小姑所居，獨處無郎。」晚唐詩人李商隱〈無題〉便以「小姑所居，獨處無郎」寫成名句「神女生涯原是夢，小姑居處本無郎。」

「青溪」又作「清溪」，發源於鍾山西南，在六朝時，逶迤九曲十餘里，北銜玄武湖，南通秦淮河，成為金陵勝景。

「青溪小姑」是青溪水神，南朝劉敬叔《異苑》卷五說青溪小姑是鍾山神靈蔣侯（蔣歆，字子文）第三妹。蔣歆於漢末因擊賊而亡，其後孫權褒封為中都侯，鍾山也改稱蔣山，在《南史》除尊為「蔣侯」，甚至有「蔣王」、「蔣帝」、「蔣帝神」的稱號，可見當時神威顯赫。

青溪小姑既是蔣侯三妹，又獨處無郎，於是好事者書寫志怪小說，便流傳了以下幾則故事：

陶潛《搜神後記》說沙門竺曇遂二十餘歲，白皙端正，因經行入廟，而夢婦人相告：「不久當作我廟中神。」曇遂果然月餘即病故，臨終囑託師兄弟路過時，務必去探望他。大夥兒遵照其遺言至青溪廟，發現曇遂真成為廟神，還出聲歡迎他們，最後更不忍別去，盼能聽聞梵唄之聲，並唱讚慨嘆形神分散，陰陽乖離。

劉義慶《幽明錄》記劉琮善於琴藝，忽然得病，道人許遜說：「最近蔣家死去的女鬼在尋找會彈琴的人消遣玩樂，你擅長彈奏，恐怕找上了你，讓你有災厄。」劉琮道：「我常夢見女子帶我去宴戲，恐不久於人世！」許遜說：「蔣姑不會輕易放你，但我已經寫了誄文，你以後不會有事了。」劉琮的病果然逐漸痊癒。

許遜是兩晉之際著名道士，世傳他精勤修煉而拔宅飛昇，因此人稱「許仙」或「許真君」。劉義慶是佛教徒，曾撰寫《宣驗記》闡揚佛法，但《幽明錄》居然也記錄許遜救人解厄，可見其道法非比尋常。

吳均《續齊諧記》寫趙文韶與青溪小姑偶然邂逅，定情互贈信物。《樂府詩集》將此故事寫在〈青溪小姑曲〉之前，這已是傳統人神之戀常見的習套：

會稽趙文韶，宋元嘉中為東扶侍，廨在青溪中橋。秋夜步月，悵然思歸，乃倚門唱〈烏飛曲〉。忽有青衣，年可十五六許，詣門曰：「女郎聞歌聲，有悅人者，逐月遊戲，故遣相問。」文韶都不之疑，遂邀暫過。須臾，女郎至，年可十八九許，容色絕妙。謂文韶曰：「聞君善歌，能為作一曲否？」文韶即為歌「草生磐石下」，聲甚清美。女郎顧青衣，取箜篌鼓之，泠泠似楚曲。又令侍婢歌〈繁霜〉，自脫金簪，扣箜篌和之。婢乃歌曰：「歌繁霜，繁霜侵曉幕。何意空相守，坐待繁霜落。」留連宴寢，將旦別去，以金簪遺文韶。文韶亦贈以銀碗及琉璃匕。明日，於青溪廟中得之，乃知得所見青溪神女也。

《搜神後記》敘寫曇遂無罪病故，死後成神，足以與阮瞻、范縝這一類「形盡神滅」的無鬼神論者分別苗頭。由於青溪小姑流傳的愛情故事出處來源不同，所以未必是為了三教爭勝才刻意傳布；但曇遂不敵神力，和道士許遜法術相比之下，便不怎麼光彩了。

《搜神後記》青溪廟神竺曇遂的傳說，到唐代道世《法苑珠林》仍如實照錄，不過是收於卷九十〈破戒篇・感應緣〉，想必認為曇遂自己感應招報；其他唐僧著作，如懷信《釋門自鏡錄》卷一〈忿恚貪鄙錄〉，則又將故事作了修改，讓曇遂壞透了：

> 少遊放蕩，不修戒行，而矜傲自持，長於姦宄，或一言致犯，便積年懷恚，同寺少長，莫不被其瞋憾。

曇遂如此惡德，幸好在臨終之時悔過說：「我平生多忤，少於質直，更以福德淺薄，當受鬼神之身，為青溪廟主，諸君有緣，可垂訪也。」文末還記曇遂自言舊房戶限下有五千錢，可代為懺悔設齋，於是果然「廟遂寂無神迹」。

另外僧詳的《法華傳記》卷七〈書寫救苦〉，則是加上「造《法華經》三部」，「僧眾同學為造《法華經》三部，設齋懺悔，廟遂寂無神迹。」藉明追福寫經可以離苦。

志怪故事層層疊疊，一個個像晶瑩剔透的泡泡，美麗夢幻，卻禁不起手指一戳便破。僧伽斯那《百喻經》云：「如阿伽陀藥，樹葉而裹之。取藥塗毒竟，樹葉還棄之。」正所謂：「得魚忘筌，見月廢指。」面對這些繽紛多彩的傳奇小說，也應如此看待。

談陸凱〈折梅寄范曄〉

江南的梅花較早綻放，
折下梅枝寄贈北方友人，
足以表達思念之情；
但范曄不是北方人，
何須折梅寄遠！

明末憨山大師有一首〈將之雷陽江上別曇公〉云：「相逢庾嶺日初遲，欲折梅花第幾枝。忽逐秋風度炎海，別君不似見君時。」雷陽是雷州半島的別稱，憨山與曇公在晚春時節相逢於大庾嶺，到了秋季，他將前往雷陽，於是在江邊贈詩送別。

「折梅」一詞，一般多指折下梅枝寄贈遠方友人，表達相思之意；但此詩的「欲折梅花」不然，因大庾嶺盛產梅花，素有梅嶺之稱，所以詩句的意思僅是說他們在梅嶺相見恨晚，梅枝已攀折過多次。

「折梅寄遠」的典故原出自《太平御覽》九百七十卷引盛弘之《荊州記》

曰：

> 陸凱與范曄相善，自江南寄梅花一枝，詣長安與曄，并贈花詩曰：「折花逢驛使，寄與隴頭人。江南無所有，聊贈一枝春。」

《隋書．經籍志》云：「《荊州記》三卷，宋臨川王侍郎盛弘之撰。」但《荊州記》已佚，斷簡殘篇僅能在類書或古籍引文中見到。宋代洪邁誤將此詩收入《萬首唐人絕句》，作者寫成「陸開」，詩句與明代梅鼎祚《詩乘》皆作：「折梅逢驛使，寄與隴頭人。江南無所有，聊贈一枝春。」

折下梅枝，寄贈遠方，在平淡中顯見珍貴高雅的情誼，雋永有味。六朝樂府〈西洲曲〉也道：「憶梅下西洲，折梅寄江北。」似乎折梅寄情的習俗始於此時，但宋代史繩祖《學齋佔畢》卷三〈折梅遺使始於諸發，不始於陸凱〉則指出劉向《說苑》早已記載越國使者諸發，執一枝梅贈予梁王，可見折梅之風還要遠推至先秦：

> 《荊州記》謂陸凱與范蔚宗相善，凱自江南遺使寄梅花一枝，詣長安與范蔚宗，并詩一絕云……。後世紛紛舉用多矣，皆以陸、范爲證，不知劉向《說苑》已載越使諸發執一枝梅遺梁王，梁王之臣曰韓子者，顧左右曰：「烏有一枝梅，乃遺列國之君！」則折梅遺使始此矣。

然而理性的人不免疑惑折梅寄遠的可能性，明代姚旅所著《露書》卷三就質疑說：「枝離幹而枯，既非剪綵，安能歷遠？」絲綢經過裁剪，仍然不失原色，但梅枝離幹即枯死，如何持贈遠人？所以這件優雅浪漫的逸事，實在啟人疑竇。

《荊州記》文中更大的問題是在陸凱與范曄兩人關係上。逯欽立《先秦漢魏晉南北朝詩》是將陸凱當成南朝人，將此詩收入宋詩；不過考察史書只記載兩位陸凱，一位是三國時代東吳人，字敬風；一位是北魏孝文帝時人，字智君。既然從江南寄梅到北方長安，似乎以三國的陸凱較正確；但問題是，撰寫《後漢書》的范曄為南朝宋人，無論時代、地點根本與兩位陸凱對不上，陸凱又如何折梅贈遠？

曹道衡《中古文學史論文集》有篇〈陸凱〈贈范曄詩〉志疑〉，對於清代唐汝諤《古詩解》說：「曄為江南人，陸凱代北人，當是范寄陸耳。」也就是江南的范曄折花、作詩贈代北人陸凱，曹道衡認為：「貌似合理而實不足據。」這確實不足據。

清代朱亦棟《群書札記》卷十五另外有個說法，認為陸凱並非寄給那位寫《後漢書》的范曄；明代周嬰《卮林》卷七則據《太平御覽》卷十九謂：「陸凱與路曄為友」，認為陸凱是寄梅贈詩予路曄。然而路曄何許人也，史書未載，又成了一樁公案。

那麼寫《後漢書》的范曄有無可能到過長安？《宋書．范曄傳》記載：

（范曄）父憂去職。服終，爲征南大將軍檀道濟司馬，領新蔡太守。道濟北征，曄憚行，辭以腳疾，上不許，使由水道統載器仗部伍。

范曄不想隨軍北征，卻不得不行；然而檀道濟於文帝元嘉七年奉命率師往救滑臺（今河南滑縣），軍至壽張（今山東東平西南），遇北魏安平公乙旃眷，檀道濟領軍奮勇大破魏軍，並乘勝進擊，前後二十餘日，連戰數十回，最終因糧餉告竭，自歷城（今山東濟南）全軍而返。所以檀道濟部隊根本未到長安，范曄也不可能前往長安；范曄既不在長安，那麼梅花怎可能寄往那裡呢？

《高僧傳·道生法師傳》「下食」的解讀

「下食」有：
進食、
下劣飲食、
準備餐食的意思，
《道生法師傳》裏是哪一種？

「生公說法，頑石點頭。」這是晉宋時期，竺道生法師在蘇州虎丘山講說《涅槃經》的故事。法師幼年追隨竺法汰出家，後遊長安，在鳩摩羅什座下受業，關中僧眾咸稱其神悟，他認為「入道之要，慧解為本」，因此能獨排眾議，主張「一闡提」（即斷滅善根者）也有佛性，都能成佛。此論引起拘泥舊學者擯斥，道生於是南返，在虎丘山聚石講經，且曰：「如我所說，契佛心否？」而奇蹟竟然發生：「群石皆為點頭。」

這段神異事蹟見於佚名者所撰《東林十八高賢傳·道生法師》之中，慧皎《高僧傳》卷七並未記載，但慧皎敘及道生法師受宋文帝禮遇齋供一事，仍足以窺見法師天縱妙悟，善通權變的睿智：

> 太祖設會，帝親同眾御于地筵。下食良久，眾咸疑日晚。帝曰：「始可中耳。」生曰：「白日麗天，天言始中，何得非中？」遂取缽便食，於是一眾從之。莫不歎其樞機得衷。

文中的「下食良久」很難解釋，或有人說：「飲宴進行了很長一段時間」；或者擅自更易原文為：「食至良久」；清代靈操《釋氏蒙求・道生取匙》則修改成：「宋太祖文帝請入京師禮重，為設大齋一萬餘人，帝亦赴會。眾咸疑日晚，未下食饌。帝曰：『始可中爾。』生曰：『白日麗天，天言始中，何得非中？』生遂取匙索食便齋，於是大眾從之。其折衷若此。」

「下食」有進食、下劣的飲食、準備餐食的意思，例子如下：

《佛說鬼問目連經》云：「咽細如針孔，不得下食。」指餓鬼咽喉細如針孔，無法進食。

梁武帝〈斷酒肉文〉云：「心若能安便是甘露上味，心若不安便是臭穢下食。」意思是若能安心的吃，疏菜也是最甘甜的美味；如果宰殺生命，內心不安的吃，便是臭穢低劣的飲食。

《宋高僧傳・拾得傳》云：「護伽藍神廟每日僧廚下食，為烏鳥所取狼藉。」這是說寺廟僧人每日為護法神準備餐食，卻被禽鳥取食，狼藉一片。

至於靈操改為「未下食饌」，可以理解為尚未備妥餐食，也可以說是不進食，此兩種說法何者適切？筆者傾向於「不進食」的解釋，「食饌」是飲食之意；又「饌」字同於《論語．為政》云：「有酒食，先生饌。」所以宋文帝才說：「剛正午而已。」但由於靈操最後敘述道生「取匙索食便齋」，也就是取湯匙索求食物，開始用齋，表示食物沒擺在他面前，因此「還未備妥餐食」的意思亦可通。

可見相同的詞彙，語義會隨文句迥然有別，閱讀古籍，必須連貫上下文理，不能望文穿鑿。〈道生法師傳〉的「下食良久」和後面「遂取鉢便食」是相互關聯的，從「取鉢便食」可知尚未用齋，「下食」不能解釋成進食或下劣的飲食，而應指準備餐食，整段大意是：

宋文帝設宴供養僧眾，並與眾僧席地而坐。由於午齋準備過久，日光已經偏移，眾僧因持守過午不食戒而有所遲疑。文帝於是寬解大家說：「太陽才剛到正中而已。」道生法師立即應聲說：「白日高懸天上，天說才剛正中，怎會不是正中？」便率先取鉢齋食，所有人也才隨之進食。大眾無不讚嘆他能掌握關鍵，靈活應變。

由於道生法師具有開放的思想，不墨守成規，不拘滯舊文，才能在大本《涅槃經》未傳來中國之時，孤明先發，剖析經義，洞入幽微！

袁粲的孤獨

特立獨行，
義無反顧的袁粲，
是舉世皆濁之清流，
眾人皆醉之獨醒者。

服食養生、說理談玄是六朝風行的時尚，而隨著政局動盪，世族保家之心也日益殷切。東晉謝玄說：「譬如芝蘭玉樹，欲使其生於庭階。」這種衛族護家心態與漢朝人「匈奴未滅，何以家為」的氣魄，形成強烈反差，周一良《魏晉南北朝史札記》即說：

> 南朝門閥貴族于皇室王朝之嬗替，自來無動于衷者爲多，表現封建忠臣氣節者，雖非絕無而極少。

南朝宋明帝駕崩，袁粲與齊高帝蕭道成、褚淵等人俱為顧命大臣，同掌機要，輔佐後廢帝。褚淵和父親褚湛之，兩代相繼為劉宋皇室駙馬，褚淵卻稱頌蕭道成「材貌非常，將來不可測」，並助其篡代，以保亨通的官位與家族的榮華。

當蕭道成主導弒害後廢帝，改立順帝，位重權高，將傾國鼎，袁粲自覺身受顧託，不事二姓而挺身反對，蕭道成於是派遣部將戴僧靜聲討袁粲，袁粲在暗夜中遇襲，其子袁最以身衛父，也遭砍死。

袁粲死前對袁最說：「我不失忠臣，汝不失孝子。」當時百姓哀之，有民謠云：「寧為袁粲死，不作褚淵生。」

如此義無反顧，特立獨行的名士，在當時佛教儼然成為國家信仰之際，他卻有出人意表之舉！事情發生於宋孝武帝剛即位的孝建元年（西元四五四年），孝武帝在先皇文帝忌日，率群臣至中興寺行八關齋戒，持戒者必須過午不食，袁粲卻故意違犯戒律，大啖魚肉，因而被糾彈免職：

> 孝建元年，世祖率群臣並於中興寺八關齋。中食竟，愍孫（袁粲小名）別與黃門郎張淹，更進魚肉食。尚書令何尚之奉法素謹，密以白世祖，世祖使御史中丞王謙之糾奏，並免官。

那麼袁粲是反佛之人嗎？說來也奇，袁粲曾說過一則寓言：昔日有個國家，百姓因喝泉水而發狂，獨有國君鑿井汲水得以無恙，但所有狂人反而指稱國君有病，使用各式針藥療其狂疾。國君不堪其苦，乾脆也喝了狂泉，與大家一起瘋狂。

袁粲最後語帶諷刺和無奈的說：「我既不狂，難以獨立，比亦欲試飲此水。」這是慨嘆自己在舉世瘋狂的時代，難以保有自我的清明，所以慨歎說最近也想試喝狂泉，跟著大家同流合污算了！

事實上，這個寓言故事出自比丘道略集《雜譬喻經》第十七則：

外國時有惡雨，若墮江湖、河井、城池水中，人食此水，令人狂醉，七日乃解。時有國王，多智善相，惡雨雲起，王以知之，便蓋一井，令雨不入。時百官群臣，食惡雨水，舉朝皆狂，脱衣赤裸，泥土塗頭，而坐王廳上。唯王一人，獨不狂也，服常所著衣，天冠瓔珞，坐于本床。一切群臣，不自知狂，反謂王爲大狂，何故所著獨爾？眾人皆相謂言：「此非小事，思共宜之。」王恐諸臣欲反，便自怖懅，語諸臣言：「我有良藥，能愈此病，諸人小停，待我服藥，須臾當出。」王便入宮，脱所著服，以泥塗面，須臾還出。一切群臣，見皆大喜，謂法應爾，不自知狂。七日之後，群臣醒悟，大自慚愧，各著衣冠，而來朝會，王故如前，赤裸而坐。諸臣皆驚怪而問言：「王常多智，何故若是？」王答臣言：「我心常定，無變易也。以汝狂故，反謂我狂。以故若是，非實心也。」

本來這段寓言的主旨是說，如來常因應眾生無明，隨順眾生說法，結果故事被袁粲襲用了；換言之，袁粲對佛經有一定的熟悉，正如其所云：「九流百氏之言，雕龍談天之藝，皆泛識其大歸，而不以成名。」能夠隨手拈出，活用無礙，表示他熟悉佛法，並不刻意排佛；《南齊書．顧歡傳》記載道教學者顧歡撰寫〈夷夏論〉，表面等同佛道二法，實際卻偏袒道教，袁粲於是分析佛與儒道的差異，還認為佛勝於道：「孔、老治世為本，釋氏出世為宗。發軫既殊，其歸亦異，符合之唱，自由臆說。又仙化以變形為上，泥洹以陶神為先。變形者白首還緇，而未能無死；陶神者使塵惑日損，湛然常存。泥洹之道，無死之地，乖詭若此，何謂其同？」可見袁粲仍歸心於佛。

但是處於價值取向混淆的時代，袁粲總覺得「深交或迕，俗察罔識」，他是舉世皆濁的清流、眾人皆醉的獨醒者，在舉世一片狂潮中顯得格格不入，心境是萬般孤獨的！一旦孤寂沉冥的心衝破社會道德藩籬，言行舉止自然就變本加厲，化為與眾不同的獨特風操了。

獨善與兼濟

高蹈塵外，
明哲保身，
比較容易；
拔苦予樂，
慈悲利他，
才能得到世人永恆的敬仰。

《論語．微子》記載孔子在周遊列國的途中迷了路，於是命子路去問哪兒有渡口，子路剛巧遇見正在耕種的長沮、桀溺，長沮一聽是孔子命子路問路，便語帶雙關的調侃：「他應該知道渡口在哪裡啊！」桀溺也附和說：「如今天下大亂，就像洪水氾濫一般，誰能改變這種局勢呢？你與其追隨他，倒不如跟我們一起隱居算了。」子路碰了釘子，回來轉告孔子，孔子聽後悵然而嘆：「如果天下太平，我也不必出來改變世局了！」

《後漢書．逸民傳》也記載荊州刺史劉表延請龐公出仕，說：「保全自己一身，哪比得上保全天下啊！」龐公笑說：「鴻鵠巢於高林之上，黿鼉穴於深淵之下；人和萬物一樣，都只為了得個棲宿之所而已，天下並不是我能保的。」劉表接著問：「您苦居畎畝而不肯官祿，將來留什麼給子孫？」龐公答：「世人都留危險給子孫，只有我留平安給子孫，所留不同而已，不是沒有留。」

龐公與長沮、桀溺都同樣是獨善其身的人。在滔滔亂世之中，高蹈塵外、漱石枕流，明哲自保，儉樸傳家是比較容易辦到的；孔子繫心天下，堅定淑世濟民的信念，雖處於舉世混濁，眾人皆醉的時代，卻能保持是非公理的清明，義無反顧，知其不可而為，仁以為己任，死而後已，又不像劉表只為子孫憂心財富，因此才能樹立典範，得到後世永恆的敬仰。

道金斯（Richard Dowkins）《自私的基因》（*The Selfish Gene*）從物種繁衍之道看待利他行為，說：「動物的行為方式，一般是為了有利其物種的有恆性，因而才有對同一物種其他成員的利他主義。」所以像羚羊遭遇虎豹突襲而四散奔竄，在千鈞一髮之際，總會有一隻勇敢的羚羊回身撲向虎豹，自我犧牲以保全整個族群；然而人的一切行為，往往是在理性思辨後的抉擇，因此犧牲未必關乎物種延續，而是更高貴的道德情操使然。

《大集經》有言佛陀累世為一切眾生修菩薩行：「於彼三大阿僧祇劫，慈愍一切苦惱眾生故，發大堅固勇猛之心，久修無上菩提之行。」從過去累劫，到了今生於五濁惡世成佛，強調的都是慈悲利他。

密宗禪師

黃蘗希運禪師

這種拔苦予樂的精神，在高僧傳記中隨處可見到繼承。如《續高僧傳》記載智顗禪師臨命終時，弟子問其往生品位，智顗回答：「吾不領眾，必淨六根，為他損己，只是五品內位耳！」

又《宋高僧傳》說黃蘗希運禪師到天台山，偶逢一僧偕行，途遇溪流湧溢，僧褰衣躡波，如履平地，毫髮未濕即達彼岸，還回頭向希運招手，希運指著他罵：「自了漢，我早知就砍斷你的腿！」僧乃歎曰：「真大乘法器，我所不及！」

再如《舊唐書．李訓傳》記載唐文宗與宰相李訓等人密謀誅除控制朝政的宦官，於是詐稱金吾左仗院石榴樹夜生甘露，文宗派宦官仇士良一行前去查驗，不幸事跡敗露，文宗反遭宦官挾持，李訓見大勢已去，急奔到終南山宗密的草堂寺躲藏。宗密掩護他，準備為他削髮，仇士良獲悉宗密窩藏人犯，便下令逮捕，以不告之罪要處死他，宗密遇此大禍卻怡然說：「貧僧識訓年深，亦知反叛，然本師教法，遇苦即救，不愛身命，死固甘心。」

宗密因其坦蕩胸懷悲心感人，於是獲得了釋放。裴休撰寫〈唐故圭峰定慧禪師傳法碑〉稱揚宗密：「遑遑於濟拔，汲汲於開誘……。真如來付囑之菩薩，眾生不請之良友，其四依之人乎！其十地之人乎！吾不識其境界庭宇之廣狹深淺矣，議者又焉知大道之所趣哉！」贊寧撰寫《宋高僧傳．宗密傳》完全根據裴休碑文，並系曰：「河東相國（指裴休）之論譔，所謂極其筆矣。」

另外宗密門人曾為其編《道俗酬答文集》十卷，宗密不僅與權貴往來，和當代文人如劉禹錫、白居易也有交往，白居易〈贈草堂宗密上人〉即讚美道：

吾師道與佛相應，念念無爲法法能。

口藏宣傳十二部，心臺照耀百千燈。

盡離文字非中道，長住虛空是小乘。

少有人知菩薩行，世間只是重高僧。

「少有人知菩薩行，世間只是重高僧。」這是相當深刻的批判。「高僧」與「名僧」是相對的兩類僧人，梁代慧皎〈高僧傳序〉分辨這兩類僧人說：「實行潛光則高而不名，寡德適時則名而不高。」換言之，高僧皆是默默修行，一般人多不認識；名僧皆是迎合世俗，沒有太高的德行。

若單純憑這種標準來看，宗密名聲烜赫，屢入京城內殿說法，受賜紫袈裟，並敕命為「大德」，就很容易遭受議論，因此白居易替他不平，說世人知道菩薩行的太少了。這好比元明釋教劇《猿聽經》，為了彰顯高僧解脫自在，劇中修公禪師云：

> 貧僧游訪天下名山，至此龍濟山中，見此座山，根盤百里，作鎮萬方，秀麗清奇，望之如畫，端的是奇山覽秀，綠水托藍，真乃是洞天之處，福地之鄉。貧僧就於此處結廬，棲處在此，常是參明心地，念佛看經，一絕凡塵，數十餘年，卻正是孤山守靜心澄徹，悟徹菩提般若音。貧僧自臨於此，只領僧徒數人，春來自種耕耘，秋至親收些穀黍，供給二時齋飯，每與俗輩不通交接。貧僧喜來栽竹棲丹鳳，悶後移松養臥龍。貧僧恰才參罷禪，至此庵前，且自閒行遊玩咱。

接著修公遇見樵夫，又云：「俺這山林瀟灑，古寺荒涼，惟仙人可往，豈俗士能通？」讀者若疏忽不察，恐將錯認佛教漠顧民生，只知消極避世。《世說新語．言語》記東晉高僧竺法深在簡文帝座中，劉惔嘲弄他說：「道人何以游朱門？」竺法深回答：「君自見其朱門，貧道如游蓬戶。」沒有喜厭心，不作分別想，才是真高僧。

韓愈〈爭臣論〉曾說：「自古聖人賢士，皆非有求於聞用也……，得其道，不敢獨善其身，而必以兼濟天下也。」事實上獨善或兼濟，往往不在「得其道」為世所用與否，而是在於他的存心。

後身勿生帝王家

歷史映顯一幕幕成住壞空。
生於帝王之家固然有福；
生為末代國君卻總揮淚誓願
——來世勿生帝王家。

世事的滄桑，不變的輪迴，歷史映顯一幕幕的成住壞空，「眼看他起高樓，眼看他宴賓客，眼看他樓塌了！」當春風得意的時候，哪裡想像得到會有窮愁潦倒的窘迫？俗諺說：「囂張沒有落魄來得久。」真是一語驚醒夢中人！

沈約《宋書》記載南朝宋明帝嘲謔其弟劉休範凡庸少智，傲慢的說：「休範人才不及此，以我弟故，生便富貴。釋氏願生王家，良有以也。」李延壽《南史》也記齊廢帝鬱林王還沒登基前，常遭父親文惠太子約束起居，節制用度，覺得痛苦萬分，而向叔祖母豫章王妃庾氏訴苦：「佛法言有福生帝王家，今日見作天王，便是大罪，左右主帥，動見拘執，不如作市邊屠酤富兒百倍矣。」

「有福生帝王家」，確實是佛經中的故事。《賢愚經》卷二記載舍衛國波斯匿王的女兒名叫金剛，醜陋無法見人：「其女面貌極為醜惡，肌體麤澀，猶如駝皮，頭髮麤強，猶如馬毛。王觀此女，無一喜心，便敕宮內，懃意守護，勿令外人得見之也。」後來波斯匿王便問佛陀：「不審此女，宿植何福，乃生豪富，受醜陋形。」佛陀告訴他：「皆由宿行罪福之報。」

生在帝王之家固然有福，但一切仍因人而異，佛陀並未說是好或是壞。王室之人和尋常人一樣有苦惱，不僅平常行動受限苦惱多，宮廷鬥爭也極恐怖，尤其我們看到晉宋以下末代王家貴冑的下場，就更覺淒慘了。清代趙翼《二十二史箚記》卷十一〈宋子孫屠戮之慘〉有段評語慨歎南朝劉宋王室骨肉相殘：

宋武九子，四十餘孫，六七十曾孫，死於非命者十之七八，且無一有後於世者。當其勃焉興也，子孫繁衍，爲帝爲王，榮貴富盛，極一世之福；及其敗也，如風之捲籜，一掃而空之，橫屍喋血，斬艾無噍類，欲求爲匹夫之傳家保世而不可得。斯固南北分裂時劫運使然，抑亦宋武以猜忍起家，肆虐晉室，戾氣所結，流禍於後嗣。孝武、明帝又繼以凶忍慘毒，誅夷骨肉，惟恐不盡。兄弟子姓悉草薙而禽獮之，皆諸帝之自爲屠戮，非假手於他族也。卒至宗支盡，而已之子孫轉爲他族所屠，豈非天道好還之明驗哉！

劉宋王朝，孝武帝生二十八男，人數最多，但不是夭折，便是因骨肉、宗室相殘而早死。寵傾後宮的殷淑儀生始平王劉子鸞，子鸞最受孝武帝喜愛，但前廢帝劉子業即位，因嫉恨子鸞得寵，於是遣使賜死，子鸞年僅十歲，臨死謂左右曰：「願後身不復生王家！」同生的弟妹也都一時遇害。

南朝劉宋最後一位帝王是順帝，順帝被蕭道成逼迫禪位。蕭道成部將王敬則勒兵殿廷，在押解之際，順帝收淚對敬則說：「將會殺我嗎？」敬則說：「出居別宮罷了。官家先前取代司馬家也是如此。」順帝泣而彈指云：「願後身世世勿復生帝王家！」

同樣的歷史事件不斷重覆上演，當李自成攻破北京，明思宗在煤山自縊之前，就先動手砍殺親人，以免活著受辱。《明史・公主列傳》云：

（崇禎十七年）城陷，帝入壽寧宮，主（思宗長女長平公主，年十六）牽帝衣哭，帝歎曰：「汝何故生我家？」以劍揮斫之，斷左臂。又斫次女昭仁公主於昭仁殿……。

「菩薩畏因，眾生畏果。」人生一世間，總難免後悔，但與其揮淚感慨生在帝王之家，倒不如想想放諸四海皆準，雖蠻貊之邦行矣的道理，好好珍惜難得機緣，諸惡莫作，眾善奉行，免得來日騎虎難下，罪報上身，悔不當初。

彈指

捻彈手指，
發出聲音，
用以反映種種情緒，
是隨著佛教傳來中國的一種動作。

南朝宋順帝被逼出宮，「泣而彈指」。學生問：「彈指是用手指彈去淚水嗎？」並不然，順帝「泣而彈指」是一邊哭，一邊以手表達憾恨激動的動作。

「彈指」即捻彈手指，發出聲音，用以反映喜怒哀樂種種情緒，它隨著佛教傳來中國，不知不覺融入國人日常生活文化中，《隋書》、《舊唐書》也見到宇文招、敬暉皆因不遂其志，悵恨嗟惋，「彈指出血」。

捻彈手指耗時甚短，所以在印度已是計算時間的術語，《摩訶僧祇律》、《翻譯名義集》說：「二十念為一瞬，二十瞬名一彈指。」後來又引申為事情簡單容易，或形容光陰飛逝之速。例如董其昌《畫禪室隨筆》卷三云：「達摩西來，一門超出，而億劫修持三千相，彈指了之。」意指禪門頓超佛地，簡捷迅利。蘇軾〈過永樂文長老已卒〉云：

初驚鶴瘦不可識，旋覺雲歸無處尋。
三過門間老病死，一彈指頃去來今。
存亡慣見渾無淚，鄉井難忘尚有心。
欲向錢塘訪圓澤，葛洪川畔待秋深。

永樂文長老法號文及，是嘉興本覺寺住持，蘇軾的同鄉。蘇軾三度造訪同鄉方丈和尚，從第一次見他如鶴瘦般的衰老，第二次見他臥病退院，到第三次再來，文及已如雲散，歸於寂滅。在極短時光中有如此大的變化，他只能期待來生有緣再重逢。詩中悼念之情，滿溢禪機。

旅法學者吳其昱先生為了紀念史學大師陳寅恪，曾寫一篇〈《世說新語》所引胡語蘭闍考〉，主要論證〈政事〉篇中「蘭闍」是梵語「歡悅」的意思，《世說新語》此段文字也有「彈指」一詞：

王丞相拜揚州，賓客數百人，並加霑接，人人有悦色，唯有臨海一客，姓任，及數胡人爲未洽。公因便還到過任邊云：「君出臨海，便無復人！」任大悦。因過胡人前，彈指云：「蘭闍！蘭闍！」群胡同笑，四坐並懽。

吳先生歸納這種彈指動作的涵義有：一、命令；二、責備；三、推辭謝絕；四、漠不相關、蔑視；五、滿足快樂。

除此之外，檢尋經藏還可見：「（諸佛）一時謦欬，俱共彈指」，是警醒令覺悟；「彈指告彼比丘」，是招喚；「儼頭叉手，彈指含笑」，是讚歎；「世尊彈指可之」是同意、允許；「道人即彈指踊在空中」，則是神通變化乃至誦咒也用得著了，顯然「彈指」蘊含的情態繁複多方！

最後再看《莊子．養生主》有云：「指窮於為薪，火傳也，不知其盡也。」「指」若不解釋為「手指（雙手搬柴）」，亦可通「脂（油脂）」或「稭（稻稈）」，全句意思是柴薪的火種燃盡了，火就一直傳下去，沒有窮盡的時刻。但絕不能說成「彈指之間柴燒盡了」，可別忘記「彈指」是印度傳來的「洋玩意」，莊子的年代，尚未來華。

「崔浩」與「崔皓」

東吳末代昏君孫皓褻瀆佛像而遭業報；北魏崔浩迫害佛教，死前遭人以屎尿澆灌，佛教徒因此特將雷同的兩件事聯繫在一起。

《魏書．釋老志》記載北魏太武帝太平真君七年（西元四四六年）三月下詔滅佛：

> 昔後漢荒君，信惑邪僞，妄假睡夢，事胡妖鬼，以亂天常，自古九州之中無此也。夸誕大言，不本人情。叔季之世，闇君亂主，莫不眩焉。由是政教不行，禮義大壞，鬼道熾盛，視王者之法，蔑如也。自此以來，代經亂禍，天罰亟行，生民死盡，五服之內，鞠爲丘墟，千里蕭條，不見人迹，皆由於此。朕承天緒，屬當窮運之弊，欲除僞定眞，復羲農之治。其一切盪除胡神，滅其

> 蹤迹，庶無謝於風氏矣。自今以後，敢有事胡神及造形像泥人、銅人者，門誅。雖言胡神，問今胡人，共云無有。皆是前世漢人無賴子弟劉元眞、呂伯強之徒，接乞胡之誕言，用老莊之虛假，附而益之，皆非眞實。至使王法廢而不行，蓋大姦之魁也。有非常之人，然後能行非常之事。非朕孰能去此歷代之僞物！有司宣告征鎭諸軍、刺史，諸有佛圖形像及胡經，盡皆擊破焚燒，沙門無少長悉坑之。

正史記載佛教傳來中國，是始於漢明帝夢見金人，於是派蔡愔等人到天竺迎請佛法；但這篇詔書一方面否定這件事的荒謬，一方面太武帝是鮮卑族，他更不相信胡人奉祀胡神的說法。而慫恿太武帝奉道滅佛的人物就是崔浩（？—西元四五〇年）。崔浩妻子郭氏敬好釋典，崔浩也奪來焚燬，棄置溷廁之中。孰料太平真君十一年六月，太武帝也下令族誅崔氏，崔浩被囚車載往城南，沿路衛士屎尿其面，崔浩哀呼聲徹於道，《魏書．崔浩傳》云：

> 浩非毀佛法，而妻郭氏敬好釋典，時時讀誦，浩怒取而焚之，捐灰於廁中。及浩幽執，置之檻內，送於城南，使衛士數十人溲其上，呼聲嗷嗷，聞於行路。自宰司之被戮辱，未有如浩者，世皆以爲報應之驗也。

這位厭惡佛教的崔浩，在佛教經典中又作「崔皓」。古人的名與字彼此相關，崔浩字伯淵，「伯淵」與皎潔之意的「皓」字無涉，故作「浩」為是；而且「浩」字未犯諱，不須避諱改名，卻何以從南北朝慧皎《高僧傳》以下，像《廣弘明集》、《續高僧傳》、《北山錄》等書，皆寫成「崔皓」？

除了佛教典籍遞相傳寫，沿襲訛誤的理由，我們根據唐代道世《法苑珠林》卷七十九的一條資料，或許可以得到更清楚的解釋：

> 宋文帝元嘉二十三年丙戌，是北魏太平眞君七年。太武皇帝信任崔皓，邪佞諂諛，崇重寇謙，號爲天師，殘害釋種，毀破浮圖，廢棄法祀。時諸臣僉曰：「如康僧感瑞，太皇創寺，若也除毀，恐貽後悔。又於後宮內掘地，得一金像，皓乃穢之，陰處尤痛，噭聲難忍。太史卜曰：『由犯大神故。』於是廣祈名山，多賽祠廟。而屏苦尤重，內痛彌甚。有信宮人屢設諫曰：『陛下所痛，由犯釋像。請祈佛者，容可止苦。』皓曰：『佛爲大神耶？試可求之。』一請便愈，欣慶易心，乃以車馬迎康僧會法師，請求洗懺，從受五戒，深加敬重也。」太武皇帝方知寇謙陰用邪誤，乃加重罰，以置四郊，埋身出口，令四衢行人，皆用口廁，以盡形命。

「寇謙」即是天師道改革者寇謙之。寇謙之在太平真君九年（西元四四八年）便已亡化，並未遭逢崔浩之禍，罹此酷刑，而且寇謙之實際上沒有滅佛意圖，他還吸收佛教長處去改革天師道，不像崔浩那麼偏執。這條資料陳述太武帝制裁寇謙之、崔浩，與正史大有出入，但顯然佛教徒將太武滅佛歸咎於寇謙之、崔浩兩人信仰天師道，迫害佛教；佛教徒又將崔浩毀釋惡報與三國時期孫皓穢佛聯繫起來，「埋身出口，令四衢行人，皆用口廁」，就是活埋身體，只留頭口在地面，任隨路人屎尿，比起史書所述更戲劇化。

東吳末代昏主孫皓不禮敬佛像，將挖掘到的金像置於溷廁，以屎尿澆灌，立即招致業報，這在《高僧傳．康僧會傳》早有記載：

> 皓雖聞正法，而昏暴之性不勝其虐。後使宿衛兵入後宮治園，於地得一金像，高數尺，呈皓，皓使著不淨處，以穢汁灌之，共諸群臣笑以爲樂。俄爾之間，舉身大腫，陰處尤痛，叫呼徹天。

由於崔浩毀佛，最終遭人溲面，慘呼之聲聞於路途，與孫皓褻瀆佛像的果報有雷同之處，於是崔浩的「浩」在佛教徒輾轉傳寫中，也被寫成了孫皓的「皓」了。

從「偷婆」說起

梵語音譯常出現曲解的笑話，偷婆、兜婆、塔婆等都是佛塔譯名，並無雙關嘲謔的意思。

「偷婆」是佛塔的譯名，有修辭學者認為它語帶雙關，因為佛教重視戒律，所以譯者故意用這辭彙，暗寓嘲諷。

這麼說來，莫非譯經時有人搞鬼，當初如《增一阿含》等多部佛經的譯者並不是佛教徒，所以經文出現了「偷婆」這般嘲諷的漢譯？

譯經是何等莊嚴殊勝的事，古代譯場制度嚴謹、規模龐大，在佛經中「暗寓嘲諷」，這是說笑了。塔有偷婆、兜婆、塔婆、藪斗波、蘇偷婆、窣堵波等等異名，都是取梵語音譯，慧琳與玄應所著《一切經音義》都認為「窣堵波」的譯音最準確。慧琳《一切經音義》卷十三「窣堵波」下云：

古譯云：藪斗婆；又云：偷婆；或云：兜婆；曰：塔婆，皆梵語訛轉不正也。此即如來舍利塼塔也。或佛弟子緣覺、聲聞及轉輪王等身，皆得作塔。或石，或塼，或木塔是也。或曰方墳；或曰廟，皆一義耳也。

換言之，偷婆並無雙關嘲謔的用意。

對漢譯梵語望文生義的詮釋，在南北朝三教論爭之際，已經屢被提起。南齊時代道教徒撰〈三破論〉，稱佛教破國、破家、破身，連佛教語彙都可見「胡人凶惡」。如「浮屠」是當初老子教化不想損傷他們形體，所以剃光他們的頭髮，「浮」是罰；「屠」是割的意思。又如「喪門」即死喪之門，後來改稱「沙門」，仍是「沙汰之法，不足可稱。」

挺身反駁〈三破論〉的，主要有玄光〈辯惑論〉、劉勰〈滅惑論〉、僧順〈釋三破論〉。劉勰便斥其看文字說故事，「不原大理，唯字是求」。這般唯字是求的主觀論斷，相續不絕，如荀濟上表梁武帝也道：「釋種不行忠孝仁義，貪詐甚者號之為佛。佛者，戾也。或名為勃，勃者，亂也。」

南朝如此，在北朝的佛道之爭也一樣熱鬧，北周甄鸞〈笑道論〉嘲笑道教徒揑造《老子化胡經》，經說老子南入天竺教化，使南方無尊佛者，故稱「南無佛」；又男子守邊塞常憂，於是稱「憂婆塞」，女子畏夷劫掠，兼憂夫為夷所困，於是稱「憂婆夷」。

甄鸞解釋說，梵語「南無」是歸命、救我之意；「憂（優）婆塞」、「憂（優）婆夷」是善信男女的意思。若因佛出於南，便稱南無佛，出於西，可說西無佛嗎？若說男子守塞名憂塞，女子憂夫恐夷名憂夷，不知「婆」字，是否還憂及祖母呢？

這般依字釋詁的可笑事，直到明清仍頻繁出現，錢鍾書《管錐編・全梁文卷六十・譯音字望文穿鑿》已多方舉例。下面要說的，是對佛理有體會的葉夢得，仍不免出錯。

山西五臺山白塔

宋代葉夢得《石林詩話》卷上曾引雲門三句「隨波逐浪、截斷眾流、涵蓋乾坤」論杜詩，顯然他懂得佛理；但是《避暑錄話》卷下卻說佛菩薩名號冠以「南謨」，或「南無」、「南摩」，皆是從「南膜」訛轉而來，「南膜」即是位居南方膜拜，夷狄謂拜為膜，三代已有此稱：

釋氏論佛菩薩號，皆以「南謨」冠之，自不能言其義。夷狄謂拜爲膜，音謨。《穆天子傳》：「膜拜而受。」三代已有此稱，若云居南方而拜。膜既訛爲謨，又因之爲南無、南摩。

葉氏謂佛教徒自己都不知何以如此說，而他是承襲西晉末郭璞注《穆天子傳》「膜拜而受」云：「今之胡人禮佛，舉手加頭，稱南膜拜者，即此類也。」但實際上，不僅甄鸞〈笑道論〉已有正確解釋；《弘明集》收錄東晉郗超〈奉法要〉也說過：「外國音稱『南無』，漢曰歸命。」

所以這種不明究竟或以訛傳訛的現象啟示我們，我們常如瞎子摸象，以自己的認知看世界，所得也只是似是而非的真理而已。

南朝僧祐《出三藏記集》的成書年代

現存最早的佛教經錄《出三藏記集》，應是僧祐於天監十四、十五年間成書。

南朝律宗大師僧祐（西元四四五—五一八年）耗費半生歲月，編纂《出三藏記集》，這是現存最早的一部佛教經錄，因為是僧祐所編，故稱《祐錄》。書前總序說明體例分四大部分：「一撰緣記；二銓名錄；三總經序；四述列傳。」書中集錄了東漢至梁所譯三藏之緣由、目錄與譯本同異、譯本之序跋與有索引功能的雜錄，還有譯經者傳記。

湯用彤《漢魏兩晉南北朝佛教史》謂其成於梁武帝天監年間；陳士強《佛典精解》說：「約撰於天監九（西元五一〇年）至十三年之間」；也有說是僧祐卒前完成。其實十卷本《祐錄》在南齊已成書，目前所見十五卷本，則是天監年間擴充續補的。

《祐錄》卷十二〈釋僧祐法集總目錄序〉下列八部法集，其中第三帙《出三藏記集》，即標為十卷。〈總目錄序〉云：「少受律學，刻意毘尼，旦夕諷持，四十許載。」出家人二十歲受具足戒，慧皎《高僧傳》載法穎傳授僧祐《十誦律》，僧祐「年滿具戒，執操堅明」，而既諷持四十餘年，則〈序〉當成於六十多歲，僧祐於天監十七年五月二十六圓寂，年七十四，故〈序〉是天監早期寫成；又八部法集的第四帙《薩婆多部相承傳》有〈薩婆多部師資記目錄序〉云：「祐幼齡憑法，季踰知命，仰前覺之弘慈，奉先師之遺德，猥以庸淺，承業《十誦》，諷味講說，三紀于茲。」三紀為三十六年，諷味講說迄今已過知命，則其撰年約五十餘，尚在齊代，十卷本《祐錄》與之同時合集，故書成於齊，明顯有據。也因《祐錄》初稿成於齊代，所以書中對梵語轉成此土語言，才會用「齊言某某」釋之。

至於擴充續補的《祐錄》又是何時完成？

饒宗頤〈論僧祐〉考定卷十二〈法苑雜緣原始集目錄序〉下所列〈皇帝注大品經記〉成於天監十一年，故云：「成書必在天監十一年以後。」

陶禮天〈《出三藏記集》與《文心雕龍》新論〉又提及：「這十五卷本《出三藏記集》有記載天監十六年事。」

「天監十六年事」其實和梁武帝注解《大品般若經》有錯誤的關連；而所謂「天監十六年」，當起於內藤龍雄〈梁の武帝と《般若經》〉之考證，內藤龍雄提出三點論據，斷定梁武帝〈注解大品經序〉應撰於天監六年，而不是十六年：

第一，〈序〉提及「天保寺法寵」，但法寵天監七年已從「天保寺」移居宣武寺。

第二，《般若經》「東漸二百五十八歲」，「五」為「四」之誤，所以正是天監六年。

第三，道宣《續高僧傳．僧旻傳》云武帝於天監六年「注《般若經》以通大訓，朝貴皆思弘厥典。」

但問題就出在第二點。《祐錄》卷八梁武帝〈注解大品經序〉原文云：

> 此經東漸二百五十有八歲，始於魏甘露五年至自于闐。叔蘭開源，彌天導江，鳩摩羅什澍以甘泉，三譯五校，可謂詳矣。

內藤龍雄誤解從魏甘露五年（西元二六〇年）經二百五十八歲，至梁代為天監十六年，其實武帝是說《大品般若經》東傳二百五十八年，才從于闐來到魏土，先後歷經竺叔蘭、道安、鳩摩羅什諸譯經家的翻譯。

《高僧傳．朱士行傳》也說：「遂以魏甘露五年發跡雍州，西渡流沙，既至于闐，果得梵書正本凡九十章。遣弟子不如檀，此言『法饒』，送經梵本，還歸洛陽。」若比對《祐錄》卷二的記載就更加清楚：

魏高貴公時，沙門朱士行以甘露五年到于闐國，寫得此經正品梵書胡本九十章。到晉武帝元康初（案：「元康」其實是晉武帝之子惠帝的年號，此處有疏忽），於陳留倉垣水南寺譯出。

由此可知「天監十六年」的說法訛誤。當僧祐弟子寶唱於天監十三年撰成《名僧傳》時，《祐錄》的譯經者列傳早已不續補，寶唱〈名僧傳序〉才會說：「律師釋僧祐，道心貞固，高行超邈，著述諸記，振發宏要，寶唱不敏，預班二落，禮誦餘日，捃拾遺漏。」而且《祐錄》卷七尚有王僧孺〈慧印三昧及濟方等學二經序讚〉謂廣州南海郡民何規，於天監十四年十月二十三在豫章胡翼山獲得《慧印三昧經》，這是書中所載最晚的時間，擴編明顯接近尾聲，因此十五卷本最後成書，自應在天監十四五年之時。

善妒的郗皇后

郗氏嚴厲箝制蕭衍蓄寵納妾：：
而她的死，
只能留予他人說是非了。

每年農曆七月常見各大寺院啟建《梁皇寶懺》，薦拔回向歷代父母師長、怨親債主。《梁皇寶懺》亦名《慈悲道場懺法》，是梁武帝蕭衍為了超薦郗皇后而集成，卷首載明緣起，說郗氏嫉妒六宮，死後罪謫為蟒，現身求請武帝，武帝聚集沙門，採摭佛語，成此寶懺，為其懺禮，郗氏終能上生忉利天。

唐人楊夔也曾寫一篇〈止妒〉，說梁武平齊，獲侍兒十餘輩，郗后憤恚成疾，左右諫言：「《山海經》云：鶬鶊為膳，可以療妒。」郗后茹之，妒減殆半。

其實楊夔的說法有誤，武帝代齊（西元五〇二年），郗氏已亡故三年，豈有煮食鶬鶊（黃鶯）療妒之理？

郗氏善妒，《梁書》不見記載，只說她忠和純備，貴而好禮，追謚為「德皇后」；但《南史》有云：「后酷妒忌，及終，化為龍入于後宮井。」《太平廣記．梁武后》也說：

> 梁武郗皇后性妬忌。武帝初立，未及冊命，因忿怒。忽投殿庭井中，衆趨井救之，后已化爲毒龍，煙焰衝天，人莫敢近。帝悲歎久之，因冊爲龍天王，便於井上立祠。

郗氏因未及冊封而投井的說法不對，前文已說武帝代齊，郗氏已死。至於化龍傳說，與《梁皇寶懺》的化蟒並不牴觸，古書常見蛇、龍交互變幻，例如：

李肇《國史補．元義方》云：

> 有小蛇自泉中出，海師遽曰：「龍怒！」遂發，未數里，風雲雷電皆至，三日三夜不絕。

裴鉶《傳奇．崔煒》曰：

> 呼蛇爲玉京子，何也？曰：「昔安期生長跨斯龍而朝玉京，故號之玉京子。」

張讀《宣室志．龍廟》云：

> 汾水延溢，有一白蛇自廟中出，既出而廟屋摧圮，其橋亦壞。

《南史．丁貴嬪傳》又說：「德后酷忌，遇貴嬪無道，使日舂五斛。」究竟真相如何？歷史距離久遠，除非新史料出土，否則後人僅能「以意逆志」來衡酌。

郗后產下三位公主，年三十二過世，在母以子貴的時代，郗后必定承受極大壓力；再從武帝將弟弟臨川王蕭宏第三子蕭正德過繼為養子，便知武帝期待育養子嗣，而長子蕭統就是在郗后去世第二年（西元五〇一年），武帝三十八歲時出生，生母即《南史》所說被虐待的丁貴嬪。

丁貴嬪十四歲尚未及笄，武帝便在樊城娶她，十七歲生蕭統，接著又生簡文帝蕭綱、廬陵王蕭續。史載「武帝八男」，另有阮修容生元帝蕭繹；吳淑媛生豫章王蕭綜；董昭儀生南康王蕭績；丁充華生邵陵王蕭綸；葛修容生武陵王蕭紀。所有的兒子都緊隨在蕭統之後；當然也是在郗氏亡故後一一誕生，如果郗后不嚴厲箝制蓄寵納妾，武帝還需過繼蕭正德，還會高齡得子嗎？顯然郗后善妒無疑！禮官封謚，是刻意不對其善妒著墨而已。

武帝後來娶那麼多嬪妃，生那麼多兒子，但除了追崇郗氏，便不再立后，這不禁令人想起那條「龍」。《南史》說武帝特別「於露井上為殿，衣服委積，常置銀鹿盧、金瓶灌百味以祀之。」但郗后是「殂于襄陽官舍」，「歸葬南徐州南東海武進縣東城里山」，居然尋來京城，潛入宮井，若非郗后死而有靈，瞋妒不滅，必是武帝內疚神明，冀補前愆，以求心安。

至於善妒的郗后之死，是天不假年，或夫妻失和，甚至如《太平廣記．梁武后》說她自殺？閨闈祕事，也只能留予他人說是非了。

劉孝標注《世說新語》的時間

劉孝標《世說新語注》應成於天監六至八年，其原先是奉旨撰寫，但因遭擯斥，所以將「臣」字刪除。

梁代劉孝標（西元四六二—五二一年）注解劉義慶《世說新語》，或補充史料，發明文意；或考定異說，糾駁原文；或疏釋詞語，詳載出處，精闢富贍，與裴松之《三國志注》、酈道元《水經注》並稱南北朝三大名注。

據余嘉錫《世說新語箋疏．文學》第四七則「康僧淵初過江」條，劉孝標注：「僧淵氏族，所出未詳，疑是胡人。尚書令沈約撰《晉書》，亦稱其有義學。」余氏別有案語考定《世說注》的作時云：

> 《梁書．武帝紀》二：「天監六年冬閏月（閏十月），以尚書左僕射沈約爲尚書令，行太子少

傳。九年春正月，以尚書令行太子少傅沈約爲左光祿大夫，行少傅如故。」計約之爲令，不過二年餘耳。〈劉峻傳〉云：「天監初召入西省，與學士賀蹤典校祕書，爲有司所奏，免官。安成王秀好峻學，及遷荊州，引爲户曹參軍。」考《廣弘明集》三引阮孝緒〈七錄序〉云：「有梁之初，於文德殿內別藏眾書，使學士劉孝標重加校進。」與本傳所云「典校祕書」者合。雖不知爲何年之事，然孝緒序後所附《古今書最》有梁天監四年《文德正御四部及術數書目錄》，足見孝標於此年已入西省。〈武帝紀〉云：「天監七年五月，以安成王秀爲平西將軍、荊州刺史。」孝標之爲秀所引，當在此時。又可以推知孝標免官之年矣。《世說注》中孝標自敘所見，言必稱臣，蓋奉梁武敕旨所撰。當沈約遷尚書令之時，孝標正在西省，此處特書其現居之官，亦因奏御之體，固當如此。然則孝標此注，蓋作於天監六、七年之閒也。

余氏考定孝標於梁武帝天監四年已入西省整理群書，至天監七年免官，隨安成王至荊州擔任戶曹參軍；《世說注》則作於天監六、七年（西元五〇七—五〇八年），理由是孝標「言必稱臣」；且稱沈約任「尚書令」，故知是孝標奉敕在西省時撰；蕭艾《世說探幽》所考，則稍延後至天監七、八年為安成王編纂《類苑》之時。二者時間差異不大，也是孝標最有機會大量利用典籍的時候，而且文人修改增刪原作也很尋常，所以他的注書應在這段時間。

但大陸學者趙建成發表〈劉孝標《世說注》撰著時間考〉，認為《世說注》是天監十五年孝標耗費大量時間和精力完成一百二十卷《類苑》後，到他死前才完成的著作。這相較於魏世民〈《世說新語》及《注》成書年代考〉認為寫作年代不超出天監元年至普通二年（西元五〇二—五二一年）；或范子燁《世說新語研究》主張成於天監九年至普通二年，時間延得更晚。

范子燁也是論斷《世說注》作於《類苑》之後，只是誤判《類苑》成於天監八年，趙建成文中已經訂正，但趙文考辨仍有疏忽，如謂沈約官至尚書令，死後以此習稱之。其實沈約並非官至尚書令，余嘉錫已有案語：「計約之為令，不過二年餘耳。」且觀《梁書》、《南史》稱沈約為尚書令，皆就其當時職官而書之，並非習稱。沈約卒諡「隱」，死後人多稱之「隱侯」。

另孝標注文目前僅見〈賢媛〉第九則、〈汰侈〉第六則、〈惑溺〉第三十則有「臣」字，趙建成引蕭艾說法，認為是「習用語」，無特殊含義，像揚雄、沈約所作〈連珠〉皆有「臣聞」二字；孝標〈辯命論〉也說：「臣觀管輅天才英偉。」

然而以「臣聞」、「蓋聞」起筆，乃是「連珠體」的特色，與注書體例不能等同。試觀《左傳》、《國語》、《戰國策》中的「臣聞」，也都是臣對君而發，猶如南宋朱翌《猗覺寮雜記》卷下云：「男曰人臣；女曰人妾。『臣妾』對君上之稱。」至於孝標〈辯命論〉實刻意要寫給梁武帝看，所以文章開頭云：「謹述天旨，因言其致。」

趙文還引范子燁云「臣謂」、「臣按」為趙宋學人附入，而說：「稱臣之例僅占三處，本不具有普遍意義，若為奉詔所作，定非如此。」

然若是宋人附入，又何須加「臣」字？且范文只舉〈賢媛〉、〈惑溺〉兩則，都用南宋劉應登評一句「非孝標注」，便成為難以動搖的鐵證，這不僅牽強，也適足以見〈汰侈〉「王君夫有牛」的「臣按其《相經》云：陰虹屬頸」，范氏不提，是無法反駁。

據《南史》本傳載：「初，梁武帝招文學之士，有高才者多被引進，擢以不次。峻率性而動，不能隨眾沉浮。武帝每集文士策經史事，時范雲、沈約之徒皆引短推長，帝乃悅，加其賞賚。會策『錦被』事，咸言已罄，帝試呼問峻，峻時貧悴冗散，忽請紙筆，疏十餘事，坐客皆驚，帝不覺失色。自是惡之，不復引見。及峻《類苑》成，凡一百二十卷，帝即命諸學士撰《華林徧略》以高之，竟不見用。乃著〈辯命論〉以寄其懷。」

孝標於〈自序〉也說：「余逢命世英主，亦擯斥當年。」他的高才竟遭虔誠奉佛的梁武帝擯斥，所以吾人何妨反向思考：孝標奉命所作《世說注》應是又做了刪削，現存「臣謂」、「臣按」等字，即其刪削未盡的遺跡。

蕭綱的字和惠洪的籍貫

兩位都有「浪子」稱號的虔誠佛教徒，
蕭綱應字「世讚」；
惠洪應是筠州人。

中國文學史上有兩位虔誠佛教徒，其身分迥異於常人，而都被冠以「浪子」的名號。一位是成長於宗教氣氛濃厚的皇室，受過菩薩戒的三寶弟子——「浪子皇帝」梁簡文帝蕭綱（西元五〇三—五五一年）；一位是十四歲即出家，才如江海、筆無停思的詩僧兼禪史學者——「浪子和尚」釋惠洪（西元一〇七一—一一二八年）。

簡文帝被譏為「浪子皇帝」，是因為新創艷情藻麗的「宮體詩」，例如〈詠人棄妾〉：

昔時嬌玉步，含羞花燭邊。
豈言心愛斷，銜啼私自憐。
常見歡成怨，非關醜易妍。
獨鵠罷中路，孤鸞死鏡前。

這是歌詠美女「紅顏未老恩先斷」，當被拋棄之後，私自哭啼哀憐的情景，詩歌指出秋扇見捐往往不是因為容貌美醜的變易，而是因歡成怨所導致。其中運用樂府〈黃鵠曲〉「黃鵠參天飛，半道鬱徘徊」，還有鏡裏孤鸞獨舞而死的典故，比喻對伴侶的忠貞與分離的哀傷。

整首詩歌還算清新，就已經被文學史家批評說：「這一類的詩，題材是如此的淫褻，手法是如此的刻劃，不見豪情，亦無逸響，今日讀來，只覺惡俗。」毋怪會嘲諷蕭綱信佛為來生積德，聲色為今生享受，兩者兼顧，不愧為聰明人；明末清初賀貽孫《詩筏》更就詩論人說：「宮體一出，從風而靡，蓋秀才天子也，又降為浪子皇帝矣。」

其實「宮體詩」的寫作理念，還融攝了佛教思想；特別是受《維摩詰經》維摩詰居士「在欲而行禪」的影響，並非只單純鋪陳淫艷的聲色。

至於北宋末年黃龍派禪僧釋惠洪，他也是一位博學多才而又極具爭議的人物，由於他不幸捲入激烈黨爭，而數度遭致下獄、脊杖、黥面、流放、褫奪僧籍等等慘苛命運。吳曾《能改齋漫錄》卷十一〈浪子和尚詩〉即說：「洪覺範有上元宿嶽麓寺詩。蔡元度夫人王氏，荊公女也。讀至「十分春瘦緣何事，一掬鄉（歸）心未到家」，曰：『浪子和尚耳！』」

蔡元度即是「笑面夜叉」蔡卞，他的夫人為王安石次女，她指斥支持舊黨的惠洪不遵佛戒，身染俗塵，是虛掛「和尚」之名的「浪子」，於是「浪子和尚」便成了惠洪不能忘情絕愛的口實。

惠洪原詩題為〈上元宿百丈〉：

上元獨宿寒巖寺，臥看篝燈映薄紗。夜久雪猿啼嶽頂，夢回清月在梅花。
十分春瘦緣何事，一掬歸心未到家。卻憶少年行樂處，軟風香霧噴京華。

全詩是以夜宿洪州百丈山寒巖寺的冷清，與世俗元宵夜的喧鬧做對比，詩中回憶起少年所見京師上元熙來攘往，金翠羅綺處處飄香的繁華盛況，而在寺院，雖應景張掛燈籠，但出家人仍一如平常，伴隨著猿啼清月，安守著滿山寂寞。此時離開家山，來遊百丈，一身瘦骨的惠洪，不禁生起思歸之念……。

我曾為兩位「浪子」寫過考辨文章，替他們翻案；在這裡，且只談蕭綱的字與惠洪籍貫問題。

《梁書·簡文帝紀》云蕭綱字世纘；《南史》則作「世讚」。按梁武帝八子，除長子蕭統字德施，其餘皆字「世□」，而「□」這個字都是「言」字邊，所以蕭綱依理應字「世讚」；但為何寫錯了？

原來武帝有個叛逃到北魏的次子蕭綜，他與三子蕭綱的字在南北朝已產生混淆，楊衒之《洛陽伽藍記》卷二便說：「綜字世讚。」蕭綜因聽信母親吳淑媛的話，認定齊東昏侯蕭寶卷才是生父，於是在普通六年（五二五）投奔北魏，「更改名曰讚。」「讚」字在《魏書》又寫成「贊」；但《梁書》與《南史》皆說蕭綜「字世謙」，投奔後更名「纘」，顯然兩兄弟名字太接近，所以連史家都搞亂了。

惠洪的籍貫，《五燈會元》、《釋氏稽古略》、《南屏淨慈寺志》、《續文獻通考》等書記載惠洪是「瑞州人」；《佛祖統紀》、《宋詩紀事》、《瀛奎律髓》、《四庫總目》等書卻說他是「筠州」沙門，究竟孰是孰非？

根據惠洪〈寂音自序〉，自述是「江西筠州新昌人」，當然以「筠州」為是；但何以有「瑞州」之說？原來南宋理宗名字是趙昀，由於昀、筠同音，因此下詔更名。《宋史．理宗本紀》寶慶元年（西元一二二五年）十一月，詔曰：「筠州與御名音相近，改為瑞州。」

後人為了方便讀者理解，於是更改惠洪籍貫，事實上惠洪並非南宋末年人，故言其瑞州人，並不妥當。

駢體與譯經體

雅俗共賞，明白通暢的「譯經體」，其句式整飭，音調舒徐，即是受駢體文之影響。

佛經翻譯在南北朝時期達到高峰，而南北朝也是唯美文學最鼎盛的時代。北朝魏收與溫子昇、邢邵並稱「三才」，《北齊書．魏收傳》載邢邵批評魏收偷竊江南任昉之文；魏收聞而反擊：「伊常於沈約集中作賊！」可見辭采質樸，富有剛健氣質的北朝文風，在南北文化交流中，已逐漸往華豔靡麗的方向靠攏。

在此情勢之下，即便佛典漢譯早有文質之辯，而且明白通暢、深入淺出、雅俗共賞的「譯經體」，至鳩摩羅什也宣告成立，但前此譯經偏尚文麗者，如三國的支謙，亦無法像文人那樣隨意極貌寫物，窮力追新；何況譯場遍及南北，譯文並不像南北文風能夠顯判剛柔。譯經主要是將本土所無的經典譯出，或是認為前譯有缺失而重翻，目的並不是為與翰苑辭林爭色競豔。

此外，譯梵為華，尚有其不得不為新文體的特殊處：一、梵語常見聯綴十餘字而成的名詞，且文句反覆陳說，不厭其詳，頗不便於文章偶對隸典。二、主譯者多非漢人，僧傳雖屢稱譯經高僧通嫻漢語，明悟超群，但總不如文人搦管和墨，下筆揮灑的捷便無礙。三、經藏宣譯，首重精確，又為普及大眾，務須流暢明白，主譯者固然為了契合士流，每宣一經，皆有助譯潤飾，但也無法貴巧斲實，背本忘源。

因此若以蕭繹《金樓子．立言篇》所下的定義：「不便為詩如閻纂，善為章奏如伯松，若此之流，泛謂之『筆』；吟詠風謠，流連哀思者謂之『文』……。至如『文』者，維須綺縠紛披，宮徵靡曼，唇吻遒會，情靈搖蕩。」那麼「譯經體」明顯是「筆」而非「文」。

然而「譯經體」畢竟是在駢風流行的時代確立，即使無法像沈約《宋書．謝靈運傳論》所云：「欲使宮羽相變，低昂舛節，若前有浮聲，則後須切響。一簡之內，音韻盡殊；兩句之中，輕重悉異。」然其文字整飭，宮商諧和，以四個字的偶式句居多，即是取法於駢文之處。

佛典宣譯，非僅為解行並濟而已，還要便於口誦心維，所以《八大人覺經》即說：「為佛弟子，常於晝夜，至心誦念，八大人覺。」《釋氏要覽》卷上「出家人事務」條也引《三千威儀經》曰：「出家所作事務有三：一坐禪；二誦經；三勸化。」

為了讀誦流暢，宮商諧和絕不容忽視，慧皎《高僧傳．鳩摩羅什傳》提到鳩摩羅什對協助譯經的僧叡說，天竺風俗非常重視語言文字的美感，佛經若翻成漢語，僅得大意，卻失去優美的辭藻，就如同嚼飯餵人，不只喪失原味，更會令人嘔吐：

初，沙門僧叡才識高明，常隨什傳寫。什每爲叡論西方辭體，商略同異，云：「天竺國俗，甚重文製，其宮商體韻，以入絃爲善。凡覲國王，必有贊德；見佛之儀，以歌歎爲貴。經中偈頌，皆其式也。但改梵爲秦，失其藻蔚，雖得大意，殊隔文體，有似嚼飯與人，非徒失味，乃令嘔噦也。」

另外在〈僧叡傳〉也說鳩摩羅什譯經，僧叡都參與訂正，早先竺法護翻譯《正法華經．受決品》云：「天見人，人見天」，鳩摩羅什覺得過於質樸，等聽見僧叡改成「人天交接，兩得相見」，就大為讚賞，這正是駢偶音調莊穩優雅的緣故。

《大正藏》的句讀

若能掌握佛經偶式句節奏，
不僅容易閱讀，
也不至被《大正藏》的錯誤斷句誤導。

《大正藏》是日本漢文藏經《大正新脩大藏經》的簡稱。它以鉛字排印，並有小圈斷句及多種版本校勘，比舊式刊刻的經典容易閱讀，而且中華電子佛典協會將《大正藏》第一卷至第五五卷，還有第八五卷，輸入成為電子資料庫，非常便於檢索和複製，因此它是現今學界採用最廣的佛教文獻。

然而《大正藏》斷句並不精準，這是眾所周知的事實。例如其《法華經．信解品》：「譬若有人年既幼稚。捨父逃逝久住他國。或十二十至五十歲。年既長大加復窮困。馳騁四方以求衣食。」新式句讀應作：「譬若有人，年既幼稚，捨父逃逝，久住他國，或十、二十，至五十歲，年既長大，加復窮困，馳騁四方，以求衣食。」

再如《法句譬喻經》出現了八言偈頌：

「所謂智者不必辯言；無恐無懼守善為智。」

「死命卒至如水湍驟；父子不救餘親何望。」也應拆成四言：

「所謂智者，不必辯言；無恐無懼，守善為智。」

「死命卒至，如水湍驟；父子不救，餘親何望。」

似此字數整齊，不求協韻平仄句法，即是「譯經體」的特色。再舉玄奘口述、辯機筆受《大唐西域記．烏仗那國》正確句讀是：

> 山谷相屬，川澤連原，穀稼雖播，地利不滋。多蒲萄，少甘蔗，土產金鐵，宜鬱金香。林樹蓊鬱，花果茂盛，寒暑和暢，風雨順序。人性怯懦，俗情譎詭，好學而不切，禁呪爲藝業。多衣白氎，少有餘服。語言雖異，大同印度。

而其實不僅像玄奘、辯機是出家人才熟諳箇中三昧，像蘇軾〈勝相院經藏記〉也刻意模仿「譯經體」寫道：

> 元豐三年，歲在庚申，有大比丘惟簡，號曰寶月，修行如幻三摩缽提。在蜀成都，大聖慈寺，故中和院，賜名勝相，以無量寶，黃金丹砂、琉璃眞珠、旃檀眾香，莊嚴佛語，

及菩薩語，作大寶藏……。

所以讀者若能掌握優雅舒徐的偶式句節奏，不僅容易閱讀，也不致被錯誤斷句誤導。我們再舉個例：宋文帝元嘉十二年（西元四三五年），丹陽尹蕭摹之上言，稱近世佛教競尚豪奢，耗損無度，建議凡鑄造銅像或塔寺精舍，必先向官方報備，獲得允許才能興造，否則「銅宅材瓦，悉沒入官。」文帝核可此奏，卻引發士大夫彼此的論諍，文帝於是安撫敬奉佛法的何尚之等人，說全國百姓若真能普遍遵行佛教，他便可輕易坐享太平。至於蕭摹之的奏議還未經過通盤考量，所以要委請何尚之加以增損，相信必能遏阻浮華，但又不傷及應該嘉獎的精進修行人，然後才會正式成為法令。

此事記載於僧祐《弘明集》卷十一，《大正藏》如此斷句：

「若使率土之濱皆純此化。則吾坐致太平夫。復何事近蕭摹之請制。未令經通即已相示。委卿增損。必有以式遏浮淫無傷弘獎者。乃當著令耳。」如此斷句當然不正確，也讓人讀不懂，應改為：

「若使率土之濱，皆純此化，則吾坐致太平，夫復何事！近蕭摹之請制，未令經通，即已相示，委卿增損，必有以式遏浮淫，無傷弘獎者，乃當著令耳。」這才符合「譯經體」優雅舒徐的偶式句節奏。

貞直高僧海順與〈三不為篇〉

海順和顏回都因刻苦好學而而早夭，不同的是他留下篇章，供後人追悼風操。

隋僧海順（西元五八九—六一八年），幼年喪父，與母相依為命，到了志學之年仍苦於無法求學，便辭親出家，依山西仁壽寺道遜為師，開始晝夜不歇，誦讀眾經。為了明瞭甚深法義，海順不辭道途艱難，又到栖巖寺跟隨神素學習，神素專精《成實論》與《毘曇論》，徒眾很多，無法滿足海順的求知若渴，海順委婉的對神素說：「當年陳亢問孔鯉在父親那裡有沒有得到特別的教誨？孔鯉說他在庭院見到父親，總是疾走而過，父親兩度喚住他，問學《詩》了嗎？學《禮》了嗎？孔鯉回答沒有，孔子就告訴他：『不學《詩》無以言』、『不學《禮》無以立』。陳亢很開心地道：『問一得三：聞《詩》、聞《禮》，又聞君子之遠其子。』現在我則是請一蒙二。」

神素請他再說清楚，海順說：「一是蒙受冒犯您的風險；一是聽聞獲得了法義。」神素知道他真心向學，便毫不保留傾囊相授。神素年少時，與好友道傑情同莫逆，後來一起出家，皆成為著名的學者，道傑要言不繁，神素廣陳同異，各有千秋，不分軒輊。海順從學於神素，又欣慕道傑法筵，便寫信探詢道傑是否同意他聽講，道傑雖然答應，但精進向學的海順，卻因病而作罷。

海順由於生活刻苦，導致影響健康，只活了三十歲；而一再被孔子稱許為好學的顏回，簞食瓢飲，居陋巷，人不堪其憂，回不改其樂，同樣也早夭！不同的是，道宣《續高僧傳》卷十三還替海順留下〈三不為篇〉，供後人追悼他貞直的風操：

> 我欲偃文修武，身死名存。斫石通道，祈井流泉。君肝在內，我身處邊。荊軻拔劍，毛遂捧盤。不爲則已，爲則不然。將恐兩虎共鬥，勢不俱全。永□今好，長絕來怨。是以返跡荒徑，息影柴門。（□爲缺字）
>
> 我欲刺股錐刃，懸頭屋梁。書臨雪彩，牒映螢光。一朝鵬舉，萬里鸞翔。縱任才辯，遊說君王。高車反邑，衣錦還鄉。將恐烏殘以羽，蘭折由芳。籠餐詎貴，鉤餌難嘗。是以高巢林藪，深穴池塘。

我欲衒才鬻德，入市趨朝。四眾瞻仰，三槐附交。標形引勢，身達名超。箱盈綺服，廚富甘肴。諷揚弦管，詠美歌謠。將恐塵栖弱草，露宿危條。無過日旦，靡越風朝。是以還傷樂淺，非惟苦遙。

〈三不為篇〉分三章，每章十六句，皆以「我欲……將恐……是以……」組貫成篇。海順首先說想棄文從武，效忠國君，為國家開拓疆土，相信比荊軻為燕太子拔劍刺秦王、毛遂為平原君勸說楚王，手捧銅盤，完成歃血結盟更不遑多讓；卻只怕人我共鬥，互相傷害而結下無窮仇恨，因此寧可過著隱跡荒野的生活。

其次說要刻苦學文，效法古人刺股懸頭、囊螢映雪，有朝一日發揮才學，功成名就而富貴還鄉；卻又怕鳥因羽毛而受殘害，蘭因芬芳而遭攀折。有豐足飲食的籠中鳥，哪算得上富貴？貪餌吞鉤的魚，性命也將不保，因此寧築高巢於密林，潛蹤跡於深塘。

最末又說想炫耀才德，成為傾動朝野的知名法師，讓僧俗公侯都欽仰攀交，有華服甘旨、弦管歌謠可以享受，卻怕這些就像草木上的微塵露珠，剎時便被吹飛蒸發，也只得感嘆歡樂太短淺，輪迴受苦極漫長。

本篇非常特殊，《全唐詩》卷八〇八錄此詩，並有小注：「第十三句缺一字。」指「永□今好」有缺字；《全唐文》卷九〇三當它是箴銘類，所以也收，文字是根據《續高僧傳》，不過「斫石通道」的「斫」字寫成「研」並不妥適；而「永□今好」則作「永存今好」。現代散文名家林清玄先生《寶瓶菩提》有一篇〈永續今好〉，則是將缺字補成「續」。

眾生都到了惡果顯現才追悔逃避；海順則先評估有某種後患，所以寧可捨離，因此從文義上看，缺字無論用「存」或「續」都不甚恰當。今觀元代曇噩《新脩科分六學僧傳》卷二三寫成「永絕今好，長存來怨」，意思也就是兩雄相爭的後果，是永絕友好關係而長留怨恨，這樣上下文義才通暢。

杜詩云：「鐘鼎山林各天性，濁醪粗飯任吾年。」海順潔身自愛，有所不為，恬淡自足，無欲無求，也是人生一種幸福抉擇。

《全唐詩》收錄唐僧義淨求法詩的問題

法顯、玄奘及義淨皆有紀錄西行求法的著作，但只有義淨的詩歌傳世，可惜《全唐詩》收錄時疏失不少。

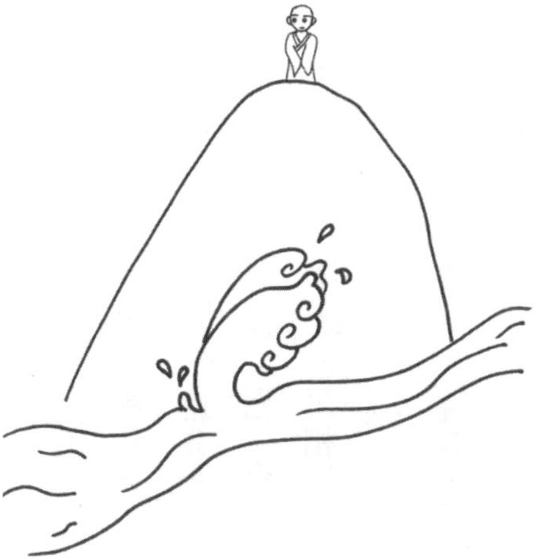

中國西行求法高僧，法顯（約西元四二三年前卒）、玄奘（西元六〇二—六六四年）、義淨（西元六三五—七一三年）是最傑出的三人。法顯、玄奘皆取道陸路，橫越沙漠；義淨則是在唐高宗咸亨二年（西元六七一年），從廣州乘船赴印度。三人冒著生命危險前去取經，皆有記錄求法的著作，但目前僅見義淨有詩傳世。

《全唐詩》卷八〇八在詩人小傳云：

> 義淨字文明，范陽人，俗姓張氏。（高宗）咸亨初，往西域，遍歷三十餘國，經二十五年，求得梵本四百部歸譯之。詩六首。

說義淨詩六首，其實《全唐詩》收義淨詩九首。除卷七八六無名氏之〈題取經詩〉有小注宋代法雲《翻譯名義集》稱是義淨之作；卷八〇八義淨〈西域寺〉，根據明代馮惟訥《古詩紀》卷一三八則說是隋朝新羅人釋慧輪作，詩題為〈悼歎〉。其餘七首皆見於義淨《大唐西域求法高僧傳》；然以此書與《全唐詩》比勘，便發現《全唐詩》的疏失。

佟培基《全唐詩重出誤收考》第七一五「義淨」條，已考辨出兩處：「觀化祇山頂」這首「聊述所懷」的雜言長詩，《全唐詩》又注稱是普光寺釋慧淨之作，而在慧淨、義淨兩人名下都收錄，這實有問題，據《續高僧傳》卷三所載，慧淨一生並未西行求法；其次，〈玄逵律師言離廣府，還望桂林，去留愴然，自述贈懷〉這首詩從題目也知是玄逵所作，只不過見於義淨《大唐西域求法高僧傳》而已。

這兩首詩，前一首寫登臨鷲峰，瞻顧王舍城，因而想起當初誓捨微軀，「入萬死，求一生」的心情，義淨於書中自稱：「與行禪師同遊鷲嶺，瞻奉既訖，遐眺鄉關，無任殷憂，淨乃聊述所懷。」所以當然是他的作品無誤；後一首，義淨說玄逵有心一同西行，未料至廣州染疾而悵返吳楚，臨別寫下這首五律，尾聯「何日乘杯至，詳觀演法流」，乃是取用《高僧傳》卷十杯度和尚常乘著木杯渡水，比喻義淨西行，不知何時船舶安返，讓他得以見到大法宣流，所以這明顯不是義淨的詩。

義淨又模仿東漢張衡〈四愁詩〉，寫了兩首五絕。由於玄逵等多位法友因故不克前行，義淨充滿感慨說道：「神州故友，索爾分飛；印度新知，冥焉未會。此時躑躅，難以為懷，戲擬〈四愁〉，聊題兩絕。」分明說是兩首絕句，但《全唐詩》把這兩首詩算成一首了。其第二首云：

上將可陵師，匹士志難移。
如論惜短命，何得滿長祇。

在孤獨乏侶、前程未卜中，義淨萌生了像張衡一般的愁緒，然而他內心仍堅定著不退轉的意志，所以頭兩句用《論語．子罕》「三軍可奪帥也，匹夫不可奪志也」的典故，而又稍稍翻新，意思是上將可以陵犯三軍，但他一介丈夫的志向絕不可能改變。

三四句更質疑有人愛惜短暫的生命，但又有誰能夠長生不死呢？「長祇」是比較生僻的辭彙，古書罕見，在義淨另一部《南海寄歸內法傳》卷四亦言及：「遍四生而運想，滿三大之長祇。」兩相對照，可知「長祇」就是「阿僧祇」，即漢譯「無量數」的意思。

至於《全唐詩》收〈在西國懷王舍城〉，王舍城原本就在印度，義淨何必懷念呢？原來題目有誤，題目當據《大正藏》、《高麗藏》等版本改為〈在西國王舍城懷舊之作〉。這首「一三五七九言」的寶塔體詩曰：

游，愁。
赤縣遠，丹思抽。
鷲嶺寒風駛，龍河激水流。
既喜朝聞日復日，不覺頹年秋更秋。
已畢耆山本願城難遇，終望持經振錫住神州。

末兩句的「城難遇」、「住神州」，應依義淨原著改為「誠難遇」、「往神州」。詩中可見義淨欣喜來到耆闍崛山、尼連禪河等佛教聖地，完成朝聖求法本願，便一心盼望有生之年，帶著佛經返回神州故土。但詩中也充滿鄉關愁思，他說赤縣神州非常遙遠，讓他一顆心不斷想念，何況年紀已步入人生之秋，更是令他百感交集了。所以從內容上看，題目訂正為〈在西國王舍城懷舊之作〉才對。

北宗七祖大照和尚寂滅於何處？

大照普寂「終于都城與唐寺」，「都城」指東都洛陽；贊寧應受普寂弟子一行駐錫長安興唐寺的影響而誤記，導致後來傳記也隨之混淆。

唐代大照和尚普寂（西元六五一—七三九年）是神秀禪師高足，也是揭櫫南宗頓教的神會和尚大力批判的對象，神會宣稱：「普寂是秀禪師門徒，有何承稟充為第七代！」不過根據《舊唐書》，神秀於唐中宗神龍二年（西元七〇六年）亡化，中宗聽聞普寂高年，確實敕令普寂代神秀統其法眾。《舊唐書》並說普寂於玄宗開元二十七年（西元七三九年）「終于都城興唐寺。」《舊唐書》一般是以「都城」指稱東都洛陽，如〈郭英乂傳〉記載英乂任東都留守，「既至東都，不能禁暴，縱麾下兵與朔方、迴紇之眾眾大掠都城，延及鄭、汝等州。」但是贊寧《宋高僧傳》

卷九〈唐京師興唐寺普寂傳〉雖採用《舊唐書》史料，標題卻稱「京師興唐寺」，傳文也記載：

> 開元二十三年，敕普寂於都城居止。時王公大人競來禮謁，寂嚴重少言，來者難見其和悅之容，遠近尤以此重之。二十七年，終于上都興唐寺，年八十九。

後來念常《佛祖歷代通載》便相沿將「都城」視為京師長安，似乎普寂寂滅地就是長安。日前大陸研究唐代宗教文史學者，有許多卓越的成果，但關於普寂寂滅地仍有爭議，如王振國〈略析《宋高僧傳》、《景德傳燈錄》關於部分禪宗人物傳記之誤失〉認為贊寧誤將指稱洛陽的「都城」改成「上都」長安。王氏指出唐代的文書、著作、碑刻等，對長安的稱呼有：京、京師、京城、西京、上都；而洛陽則稱：都、東都、東京、洛京、洛都，「都城」也多指東都，兩者一般不會混淆。但陳鐵民〈考證古代作家生平事蹟易犯的幾種錯誤〉仍依贊寧說法，並提證據說：「興唐寺在長安，《長安志》卷八、《唐兩京城坊考》卷三都有明確記載。」我口考過一位博士生，這位新科博士很優秀，她也引清代徐松《唐兩京城坊考》的記載，認為普寂亡化於京師：

> 神龍元年，太平公主爲武太后立爲罔極寺，窮極華麗，爲京都之名寺，開元二十年，改爲興唐寺。

其實興唐寺並不像隋代大興善寺，是隋文帝唯一在長安建造的佛寺，興唐寺類似武則天廣建的大雲寺，長安以外各州都可以見到。贊寧之所以混淆普寂圓寂地，應是受普寂弟子—深明星曆，號稱「天師」的一行禪師駐錫於長安興唐寺的影響。唐人李邕所著〈大照禪師塔銘〉是普寂生平第一手資料，文中說普寂八月二十四日，「坐滅於都興唐寺，享壽八十九，僧夏五十二。」並未說是京師或上都，而且還說：「河南尹裴公名寬，飛表上聞，皇情震悼。」

如果普寂寂滅於長安，豈須河南尹飛表奏聞？尤其裴寬和妻子還為普寂披麻戴孝：「及葬，河南尹裴寬及其妻子，並縗麻列于門徒之次，士庶傾城哭送，閭里為之空焉。」裴寬怎可能怠忽職守從河南趕到京師送葬呢？再看銘文第九首：「渥恩痛悼，追謚哀榮。塔遂嵩嶽，儀從洛城。」顯然靈輿不是從長安啟程，而是從洛陽出發，一路送至嵩嶽寺塔。

對照於曾為普寂的師兄弟義福撰寫〈大智禪師碑銘〉的嚴挺之，他在〈自撰墓誌〉也預告自己：「終於洛陽某里之私第，十一月葬於大照和尚塔次西原，禮也。」《舊唐書．嚴挺之傳》也說：

> 挺之與裴寬皆奉佛。開元末，（僧）惠義卒，挺之服縗麻，送於龕所。寬爲河南尹，僧普寂卒，寬與妻子皆服縗絰，設次哭臨，妻子送葬至嵩山。故挺之誌文云「葬於大照塔側」，祈其靈祐也。

可見普寂於洛陽興唐寺坐滅是正確的；若是長安興唐寺，從陝西發送至嵩嶽，路途未免過於遙遠！

安禪制毒龍

王維詩歌〈過香積寺〉的「毒龍」，
被注解為為比喻妄心，
其實「毒龍」還能比喻死亡。

《晚笑堂畫傳》王維繪像

東晉法顯《佛國記》說：「蔥嶺冬夏有雪，又有毒龍，若失其意，則吐毒風雨雪，飛沙礫石，遇此難者，萬無一全。」將惡劣天候歸之於毒龍作祟；北魏楊衒之《洛陽伽藍記》卷五也說盤陀國有座不可依山非常寒冷，山中有池，毒龍居之，因殺害商人，其國王習得咒龍術，令毒龍徙之蔥嶺。似乎間接印證蔥嶺有毒龍；毒龍甚可怖畏，不難想見！

盛唐詩人王維遊訪位於雲峰密林間的香積寺，薄暮時分見僧人在潭邊打坐，便寫出「安禪制毒龍」的名句，清代趙殿成箋注其詩，引用《涅槃經》卷二九：「但我住處有一毒龍，其性暴急，恐相危害。」並解析說：「毒龍宜作妄心譬喻，猶所謂心馬情猴者。」

《涅槃經》毒龍故事是講述佛陀收服迦葉為弟子的因緣，這其實在《普曜經》有更詳細的描述。佛陀與毒龍鬥法並予以降伏，於《菩薩本行經》、《觀佛三昧經》、《雜寶藏經》等多部經典也可見到，因此唐睿宗〈大寶積經序〉頌讚說：「毒龍懼其威光，醉象憚其神力。」

除了佛陀，龍最怕大鵬金翅鳥的捕食；而讓毒龍敬畏的高僧也所在多有，例如《宋高僧傳》卷十二，記唐代大安和尚遊五台，在龍池沐浴，池水頻興漣漪，卻未奮暴雨雹，足見毒龍雖受干擾，對大安也莫可奈何。

大安和尚是有修有證的禪德，曾於慧藏禪師座下參學，禪師慣拿弓箭考驗禪人，射箭等同傳心，大安與三平義忠都得過他的認可，慧藏禪師分別對兩人說：「多年來張弓架箭，才射中半個人。」

慧藏說射半個，或許也和度化他的師父有關。他曾是獵人，有次因追逐鹿群經過馬祖禪堂，馬祖禪師逐步質問他：「你懂射箭嗎？你一箭射幾個？你一箭才射一個，我一箭可是射一群！你既知是命，怎麼不射自己？」慧藏疑情頓發，豁然有悟，從原先厭惡出家人，也轉而出家，所以宋僧惠洪〈示禪者〉據此典故寫下：「能回箭鋒射自己，方肯竿頭進步行。」

由上述故事反觀「安禪制毒龍」，似乎頗合趙殿成所說安禪入定可以對治妄心；然而「毒龍」意象是否僅比喻為種種顛倒夢想、迷妄煩惱？默坐靜慮、觀照心地，是否只為了制伏毒龍般的邪心妄念？

修行人以佛為依歸，佛是覺者，究竟涅槃實遠遠超出此等境界，因此「毒龍」似乎應有更深更高層次的指涉。

考察佛經，「毒龍」的比喻並非只有一種。在唐代義淨《佛說譬喻經》講述曠野中有獵人被惡象追逐而掉落枯井，幸好攀住樹根，暫保無恙，卻不料黑白二鼠正在啃嚙樹根，井邊又有四條毒蛇環伺，井底還盤踞著毒龍，他上不去也下不來，處於岌岌可危之中……。

這部經典比喻鮮活，佛陀以譬喻告訴勝光王生死過患，而井底「毒龍」指的正是死亡。所以用死亡解說王維「安禪制毒龍」，恰如宋代圜悟克勤禪師說：「衲僧家透脫生死，不懼危亡，故能立佛祖之紀綱。」勤修戒定慧，超生越死，得大自在，才是修行人更遠大的終極目標。

丑角祖師爺

「丑」在劇團的待遇特殊，這是因為帝王曾扮演此種腳色的緣故。

古代男女社交普遍不公開，許多劇作家為了編造才子佳人的故事，不是選擇後花園的邂逅，就是設定佛寺道觀作為突破傳統禁忌的場所。為了降低廟宇莊嚴不可褻瀆的氣氛，劇作家常以丑角扮演僧尼，製造笑點，提高娛樂性。如《合汗衫》第三折，外扮長老上云：

> 近寺人家不重僧，遠來和尚好看經。莫道出家便受戒，那箇貓兒不偷腥？

元明劇曲類似這種扮演僧尼，卻又自我嘲謔的例子非常多，它逾越中國傳統倫理，尤其不守清規，違犯戒律，也否定、敗壞了佛教思想體系與清靜律儀。這些穢行敗德腳色都由丑擔綱，一方面反映禮教嚴重桎梏人性，實質有其反抗道學的意義；一方面丑的功能就是戲劇甘草，不僅言之者無罪，還可藉由插科打諢取悅大眾。

早年梨園行規，凡演出必等丑角到場，才能啟箱籠；丑角塗抹罷，諸花臉才次第妝扮；在後臺也只有丑角可以隨處坐，不受拘限；任意嬉笑戲謔，無所禁忌。箇中緣由，楊掌生《夢華瑣簿》解釋說：「昔莊宗與諸伶官串戲，自為丑角，故至今丑角最貴。」徐慕雲《梨園影事》則說：

唐玄宗時（一云後唐莊宗）嘗命群臣演劇宮中，眾皆不敢飾爲丑角，恐在君前失禮。玄宗察知眾意，乃由己任之，相偕群臣歌舞。自是丑之身價，亦因之而尊也。

究竟真相如何，戲曲史皆未敘明。

據《新五代史．伶官傳》記載，莊宗李存勗（西元八八五—九二六年）確實好俳優，「自其為王，至於為天子，常身與俳優雜戲于庭。」《舊唐書．音樂志》則僅記玄宗李隆基（西元六八五—七六二年）聽政之暇，教太常樂工子弟三百人為絲竹之戲，音響齊發，有一聲誤，必覺而正之。這些樂工皆號稱「皇帝梨園弟子」。

梨園弟子新立於開元二年（西元七一四年），時禮部侍郎張廷珪、酸棗尉袁楚客俱上疏以為「上春秋鼎盛，宜崇經術、邇端士、尚樸素，深以悅鄭聲、好遊獵為戒。」玄宗雖不能用，為了廣開言路，仍嘉賞之。

此時玄宗才三十歲，登基不久，還能察納雅言，想必無粉墨登場之舉。其後御宇多年；天寶四年（西元七四五年）更冊封了楊貴妃，與愛妃朝夕廝隨，宮中昵戲，未必不無即興演出的可能。

試觀《三國志・王粲傳》注引《魏略》，言曹植初得邯鄲淳，歡欣異常，延其入座，不先晤談，而是表演技藝：「取水自澡訖，傅粉，遂科頭拍袒，胡舞五椎鍛，跳丸擊劍，誦俳優小說數千言。」得一知音尚且如此，玄宗對楊妃的寵溺，必更過之。

然而「丑」的源頭雖可溯至先秦優孟、優旃這類滑稽弄臣，但作為角色專稱，已經晚到南戲《張協狀元》才出現，它是屬於南曲系統，元刊雜劇尚無丑角（滑稽人物稱為「淨」），豈能說玄宗、莊宗扮演丑角與伶官串戲？

再說《新五代史・伶官傳》載優人敬新磨甚至掌摑莊宗：「莊宗嘗與羣優戲于庭，四顧而呼曰：『李天下！李天下何在？』新磨遽前，以手批其頰。莊宗失色，左右皆恐，羣伶亦大驚駭，共持新磨詰曰：『女（汝）奈何批天子頰？』新磨對曰：『李天下者，一人而已，復誰呼邪？』於是左右皆笑，莊宗大喜，賜與新磨甚厚。」所以豈有「不敢飾為丑角」之理？況且「群臣演劇」，豈非荒唐愈甚？

由此可見前賢說法仍有推敲餘地，若重新詮釋，應當說：「莊宗（或玄宗）曾與伶工串戲歌舞，諧謔詼浪，扮演的腳色如同後世丑角。至今丑角待遇特殊，實因帝王為丑角祖師爺之故。」

熊羆守翠微

詩人想像石人、石馬軍團
能恆久護衛帝陵，
而即便栩栩如生，
又如何感知通靈？

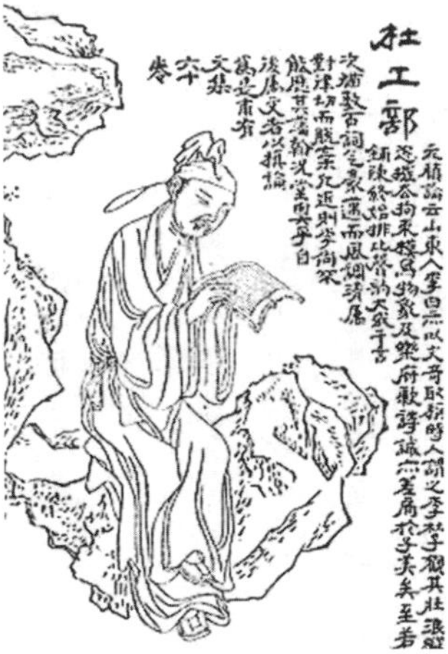

《晚笑堂畫傳》杜甫繪像

唐肅宗至德二年（西元七五七年）八月，杜甫自鳳翔返鄜州省親，途經太宗陵寢——依孤聳迴絕的九嵕山開鑿的「昭陵」，於是寫下〈行次昭陵〉，抒發憂時傷世的悲慨。

九月，郭子儀打敗安祿山叛軍，收復長安。杜甫聽聞肅宗回鑾，又赴京城，再次經過昭陵，他一邊緬懷太宗締造文治武功之盛，一邊因局勢出現轉機，而寄予對國家中興的殷切期待，便寫了六韻十二句的排律〈重經昭陵〉：

草昧英雄起，謳歌曆數歸。
風塵三尺劍，社稷一戎衣。
翼亮貞文德，丕承戢武威。
聖圖天廣大，宗祀日光輝。

陵寢盤空曲，熊羆守翠微。
再窺松柏路，還見五雲飛。

詩歌顯現出大唐氣派，與〈行次昭陵〉的「流恨滿山隅」互成對比。首二句便見太宗「神器有命，不可以智力求」；「三尺劍」、「一戎衣」，又分別使用漢高祖劉邦提三尺劍取天下、周武王著戎服而滅紂的典故，意謂江山是太宗李世民打出來的。

但是馬上得天下，不能於馬上治之，所以太宗停止干戈，休養生息，任舉賢能，提倡文化，他的鴻圖廣大如天，難怪後嗣子孫日益光耀騰達。

杜甫重經松柏掩映的道上，見那昭陵石宮高懸在半空，除了「熊羆」守護蒼翠的青山，還見到五彩祥雲在飛揚，瑞相洋溢著國家長治久安的希望。

熊、羆都是猛獸，常用來比喻驍勇的武士或軍隊，南宋王阮、明末清初劉逢源的詩「翠微不用熊羆守」、「無復熊羆守翠微」，都用這意思；仇兆鰲、楊倫注此詩，也說是「熊羆之士」、「護陵之軍」。但王嗣奭《杜臆》則說是神靈命猛獸看守山陵。

董仲舒說過：「詩無達詁。」我們若嘗試進一步深究：帝王陵寢本應有守軍護防，但亂世之中，王朝自保不暇，豈能奢求精銳勁旅守衛山陵？若說神靈遣派猛獸，猛獸恐怕也難保有神性。

杜甫的〈重經昭陵〉與〈行次昭陵〉作時相近，內容有其共通點。〈行次昭陵〉云：「石馬汗常趨」，石馬即是昭陵六駿。《新唐書．五行志》便記載石馬助戰克敵，奔趨汗出：「至德二載，昭陵石馬汗出。昔周武帝之克晉州也，齊有石像汗流濕地，此其類也。」

李商隱〈復京〉也說過：「可要昭陵石馬來？」所以詩中「熊羆」應指這批通靈神異，具有不可思議戰鬥力的石人、石馬軍團，恆久護衛著帝陵，或許較貼近詩旨；當然，這也不過是詩人的期待，佛教把生命狀態分為有情與無情，有情指具備情感知覺的眾生，無情指草木、山河大地，所以即使石頭雕鑿人馬，雕得栩栩如生，又如何感知通靈呢？

崑崙奴

「崑崙奴」是遠渡重洋來到中土的東南亞族裔，在六朝已廣為人知。

唐人小說常見身懷絕藝的「崑崙奴」，例如裴鉶《傳奇》敘述一位名叫磨勒的崑崙奴，因為主人深愛朝廷一品重臣家中的紅綃妓，於是他飛簷穿屋，越過警衛成群，扃鎖森嚴的十重高垣，輕易攜出紅綃妓，不留絲毫形跡；又袁郊《甘澤謠》有一篇敘說陶峴的崑崙奴，名摩訶，勇健善潛水。

不論磨勒或摩訶，都不像中國人的名字，他們是從遠方而來的黑奴，《舊唐書．南蠻傳》說：「自林邑以南，皆卷髮黑身，通號為『崑崙』。」初唐詩人蘇頲〈詠崑崙奴〉形容他們「指如十挺墨，耳似兩張匙」，也就是手指黑如十根墨條，耳朵像一雙湯匙；鄭還古

《博異志》記王昌齡行船經馬當山，命人齎酒脯紙馬獻祭山神，以詩禱曰：「青驄一匹崑崙牽，奉上大王不取錢。直為猛風波滾驟，莫怪昌齡不下船。」祭品中有崑崙牽馬的紙俑，可見崑崙專門從事勞力的工作；擅長寫實詩歌的張籍，更傳神的寫過一首〈崑崙兒〉：

> 崑崙家住海中州，蠻客將來漢地遊。言語解教秦吉了，波濤初過鬱林洲。金環欲落曾穿耳，螺髻長卷不裹頭。自愛肌膚黑如漆，行時半脫木綿裘。

這首詩可以證明他們不是崑崙山或非洲沙漠來的人種，他們遠渡重洋來中土，像是八哥一般學說中國話，尤其耳穿金環，頭髮鬈曲，不裹頭巾，皮膚漆黑，衣服半裸，特殊形貌躍然紙筆之上，顯然是東南亞的族群。

崑崙人在佛教經藏也有記載，唐僧義淨《南海寄歸內法傳》卷一云：

> 南海諸洲有十餘國……，斯乃咸遵佛法，多是小乘，唯末羅遊（國）少有大乘耳。……大海雖難計里，商舶慣者准知。良爲掘倫初至交廣，遂使總喚「崑崙國」焉。唯此崑崙，頭捲體黑，自餘諸國，與神州不殊。赤腳敢曼，總是其式。

義淨除了提到崑崙的相貌，還說他們赤腳，身上只披一塊「敢曼」，「敢曼」即是橫纏腰下的布；義淨同時也解釋「崑崙」就是「掘倫」的轉音，因掘倫洲人先抵交州、廣州，所以漢人統稱他們是崑崙國人。另外慧琳《一切經音義》卷八十一解釋「崑崙語」，有云：

南海洲島中夷人也。甚黑，裸形，能馴伏猛獸犀象等。種類數般，即有僧祇、突彌、骨堂、閤蔑等，皆鄙賤人也。

崑崙既有馴犀伏象種種絕技，卻何以賣身為奴？原來他們一向被視為賤民。

崑崙奴在六朝已經廣為人知，所以《晉書‧后妃傳》記東晉孝武帝母親李太后出身微賤，「形長而色黑，宮人皆謂之崐崘。」而《高僧傳‧道安傳》也記載道安師事佛圖澄，佛圖澄很器重他，但旁人皆因外貌而輕視他。佛圖澄講經之後，都命道安覆述，大眾極為不滿，說：「須待後次，當難殺崑崙子！」也就是下回要難倒這個黑鬼了，不料道安覆講依然挫銳解紛，游刃有餘，大眾不禁讚嘆：「漆道人，驚四鄰。」道安黑得像崑崙奴，卻才智超群，語驚四座，孔子說：「以貌取人，失之子羽。」這話又在道安身上應驗了。

無因畫得志公師

寒山子稱讚張僧繇與吳道子畫藝，卻認為兩人再如何神妙超群，也畫不出「志公禪師」真容。

唐代寒山子有一首評論梁朝張僧繇與盛唐吳道子兩位著名畫家的詩歌，說：

> 余見僧繇性希奇，巧妙間生梁朝時。道子飄然爲殊特，二公善繪手毫揮。逞畫圖眞意氣異，龍行鬼走神巍巍。饒邈虛空寫塵跡，無因畫得志公師。

晚唐張彥遠《歷代名畫記》敘述張僧繇在金陵安樂寺畫了四白龍，卻不點眼睛，說點了會騰空飛去。有人認為妄誕，強請之，僧繇就點了兩條龍的眼睛，須臾電閃雷鳴，兩龍果真破壁騰雲上天，未點眼的則安在原處。

初唐張鷟《朝野僉載》也記潤州興

國寺苦於鳩鴿棲息屋梁，穢汙佛像。張僧繇便在東壁畫一鷹，西壁畫一鷂，側首向簷外睨視，從此鳩鴿等禽不敢再飛來。

吳道子畫藝之傳神，毫不遜於張僧繇。中唐朱景玄《唐朝名畫錄》不僅說他為玄宗畫內殿五龍，「鱗甲飛動，每天欲雨，即生煙霧。」還誇他是「國朝第一」，更說：「張懷瓘嘗謂道子乃張僧繇之後身，斯言當矣。」

「後身」也就是投胎轉世再來。張懷瓘是撰寫《書斷》等書的當代著名書法及書學理論家，所以朱景玄相信他說的話。吳道子雖是張僧繇再來，但最初並未對僧繇推服，蘇軾《東坡志林》卷九說：「吳道子始見張僧繇畫，而曰：『虛得名耳！』已而坐臥其下，三日不能去。」吳道子是經過仔細鑑賞，才流連不已，轉而師法張僧繇，但他又變創出寒山子所說「飄然殊特」的畫風，所畫人物衣帶飄舉，勢若飛動，因此贏得「吳帶當風」之譽。

寒山子雖讚美兩位畫家神妙超群，但尾聯卻總結認為：「縱使可以畫得虛空法界森羅萬象，也畫不出志公禪師的真容來。」志公是齊梁時的神僧，又作「寶誌」或「保誌」，他的靈應事蹟流傳極廣，可見《高僧傳》卷十〈釋保誌傳〉。

寒山子結合兩位先後繼起的畫家並論品題，詩旨頗富機鋒。正如《六祖壇經》記蜀僧方辯塑六祖像，曲盡其妙，六祖卻說：「汝只解塑性，不解佛性。」《祖堂集》卷十五也說盤山寶積和尚遷化時語眾：「還有人邈得吾真麼？若有人邈得吾真，呈似老僧看。」眾將寫真呈上，師盡打。

歷來註解「無因畫得志公師」此句，多引燈錄記梁武帝命僧繇繪志公像，志公以指剺面門，分披出十二面觀音，妙相殊麗，僧繇竟不能寫；而吳道子似乎與志公繪像無涉，部分版本甚至缺錄了此詩三四五六句。

今考清代李斗《揚州畫舫錄》卷一、嚴觀《江寧金石記》卷二，都分別記載上方禪智寺、靈谷寺有吳道子畫志公像，與李白讚、顏真卿書合刻，號稱「三絕碑」；另蘇軾〈僕曩於長安陳漢卿家見吳道子畫佛，碎爛可惜。其後十餘年，復見之於鮮于子駿家，則已裝背完好。子駿以見遺，作詩謝之〉，詩中有云：「……吳生畫佛本神授，夢中化作飛空仙。覺來落筆不經意，神妙獨到秋毫顛。昔我長安見此畫，歎息至寶空潸然。素絲斷續不忍看，已作蝴蝶飛聯翩。君能收拾為補綴，體質散落嗟神全。誌公髣髴見刀尺，修羅天女猶雄妍……。」顯然這位被蘇軾譽為「出新意於法度之中，寄妙理於豪放之外」的畫聖吳道子，確實曾繼張僧繇之後，畫過寶誌禪師像。

麗牲有碑，刻在廟門

柳宗元在柳州新修孔廟碑，
文末兩句的意思，
是指刊刻碑石，
樹立於廟門之側。

元和十年（西元八一五年）三月，柳宗元被遠放至「去國六千里」的柳州擔任刺史。揮別永州十年投閒置散的歲月，在瘴雨蠻煙之地躍升為方面大員。韓愈於〈柳子厚墓誌銘〉述說柳宗元堅定表達一展抱負的決心：「是豈不足為政耶？」因此在剛上任就大修孔子廟，振興教育文化；重建大雲寺，以佛教佐理王化，並分別寫下〈柳州文宣王新修廟碑〉與〈柳州復大雲寺記〉。

大雲寺是驅逐神祠巫教於隱僻偏遠而取其地，所以耗時兩年餘才竣工；新修孔廟是廟屋毀壞，就地補葺，所以兩個多月便完舊益新，但孔廟碑文最末兩句銘曰：「麗牲有碑，刻在廟門。」卻頗費人疑猜。

「麗牲」即是拴繫祭祀用的牲畜，難道柳宗元特別立一塊碑在廟內綁牲畜，而他的文章又另刻在孔廟門上嗎？這與篇題「新修廟碑」，明白指出文章刻於孔廟石碑上，豈非相牴觸？

按照古代碑制，宮廟之碑，平時用以測日影，祭時用來繫牲口；塚壙之碑，則是送葬時用以下棺。

下棺之碑，原本是用木柱，在木柱當中安放轆轤，以方便引棺，後來子孫就在木柱上銘記功德。秦漢之際，才開始有刻石記事，求其不朽。

宮廟之碑，據《儀禮．聘禮》鄭玄注云：「宮必有碑，所以識日景、引陰陽也。凡碑引物者，宗廟則麗牲焉，以取毛血。」《禮記．祭義》提到碑在廟內：「祭之日，君牽牲……，既入廟門，麗于碑。」

至於唐代碑銘實已脫離測日影、繫牲畜的功能，而是專門用來稱頌功德，銘記盛事勳績，具有旌表宣化意義，如封演《封氏聞見記》卷十記載顏真卿任平原太守，立三碑，皆自撰親書，其一立於郡門內；其二立於郭門西；其三鐫刻東方朔廟碑，三碑皆有表彰、記事的目的。

但雖然不再用來綁牲畜，「麗牲」這般傳統用辭，在唐人碑記仍頻頻出現。因柳宗元是中唐人，所以姑舉中唐文人作品為例：

權德輿〈薛公先廟碑銘〉云：「麗牲有碑，乃琢乃鏤」；

韓愈〈袁氏先廟碑〉云：「唯敬繫羊豕幸有石」、「刻詩牲繫」；

白居易〈李公家廟碑銘并序〉云：「書于麗牲之碑」；

劉禹錫〈彭陽侯令狐氏先廟碑〉、〈許州文宣王新廟碑〉云：「麗牲之石，宜有刊紀」、「遂銘于麗牲之碑。」

所以柳宗元的文章也應和他們相同。「麗牲有碑，刻在廟門。」意思就是刊刻碑石，樹立於廟門之側。觀其〈湘源二妃廟碑〉云：「立石于廟門之宇下」；〈南嶽彌陀和尚碑〉云：「刻石于寺大門之右。」意思都一致的，由於〈新修廟碑〉文句稍有變化，倒令人起疑了。

《晚笑堂畫傳》柳宗元繪像

牛僧孺與李賀故事的同質化

《唐摭言》記載牛僧儒、李賀的故事，雖有虛飾成分，卻可以理解當時科舉風氣。

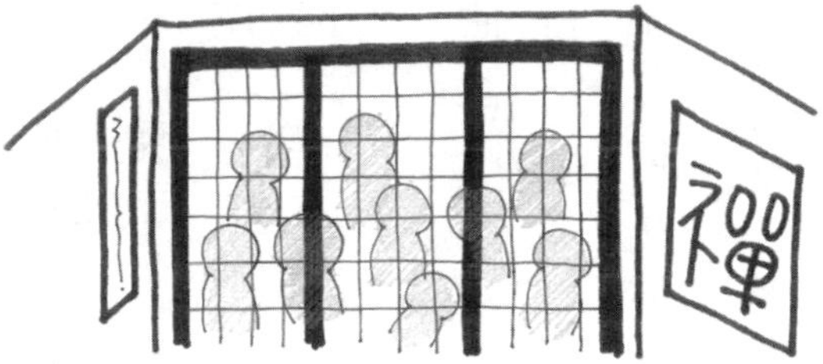

五代王定保（西元八七〇—約九五四年）《唐摭言》卷六〈公薦〉、卷七〈升沉後進〉同時記載牛僧孺（西元七八〇—八四八年）獲得韓愈（西元七六八—八二四年）、皇甫湜（約西元七七七—八三〇年）巧妙揄揚而聲名大噪的事蹟。話說牛僧孺初抵長安，帶著作品投謁韓愈、皇甫湜，兩人大加稱賞，便要他先借住於寺院，還教他某日出遊青龍寺，兩人則佯裝前往拜訪不遇，而在房門題字。隔天，滿城名士都爭欲一睹牛僧孺風采，牛僧孺因此名震天下：

奇章公（牛僧孺受封奇章郡公，故如此稱呼）始舉進士，致琴書

> 於灞滻間，先以所業謁韓文公、皇甫員外。時首造退之，退之他適，第留卷而已。無何，退之訪湜，遇奇章亦及門。二賢見刺，欣然同契，延接詢及所止。對曰：「某方以薄技卜妍醜於宗匠，進退唯命；一囊猶置於國門之外。」二公披卷，……相顧大喜曰：「斯高文必矣！」公因謀所居。二公沈默良久，曰：「可於客户坊税一廟院。」公如所教，造門致謝。二公復誨之曰：「某日可遊青龍寺，薄暮而歸。」二公其日聯鑣至彼，因大署其門曰：「韓愈、皇甫湜同謁幾官先輩不遇！」翌日，輦轂名士咸往觀焉，奇章之名由是赫然矣。（卷七）

古代寺院功能非常多，借住寺院以便應試是其中之一；而韓愈也確實很樂於提攜後進，《新唐書》說他「成就後進士，往往知名，經愈指授，皆稱『韓門弟子』」，但《唐摭言》這段佳話並非事實。

德宗貞元二十一年（西元八〇五年），牛僧孺已中進士，至憲宗元和三年（西元八〇八年）策試賢良方正，他與李宗閔、皇甫湜俱為上第。換言之，牛僧孺與皇甫湜根本沒有前後輩關係。

再觀《唐摭言》所述「灞滻」是渭水兩條支流；「青龍寺」在長安南門東；「國門」也是指長安城，顯然此事發生在京城。以唐人科舉投卷慣例，韓愈若要協助牛僧孺揚名，必在他進士登科前，但韓愈宦途多舛，〈進學解〉云：「暫為御史，遂竄南夷。」即是指貞元十九年被貶廣東陽山。

韓愈任監察御史時，關中旱饑，百姓餓死，故於御史臺上〈論天旱人饑狀〉：

臣伏以今年已來，京畿諸縣，夏逢亢旱，秋又早霜，田種所收，十不存一。陛下恩逾慈母，仁過春陽，租賦之間，例皆蠲免。所徵至少，所放至多；上恩雖弘，下困猶甚。至聞有棄子逐妻以求口食，拆屋伐樹以納稅錢，寒餒道途，斃踣溝壑。有者皆已輸納，無者徒被追徵。臣愚以爲此皆群臣之所未言，陛下之所未知者也。臣竊見陛下憐念黎元，同於赤子。至或犯法當戮，猶且寬而宥之，況此無辜之人，豈有知而不救……。

韓愈請求寬宥未繳賦稅者，卻因此得罪權臣李實而遭貶。這一貶，直到貞元二十一年德宗駕崩，順宗即位大赦，韓愈才得以離開陽山，先到郴州待命，再赴江陵任法曹參軍。如此一來，他又如何巧薦牛僧孺？

今由韓愈文集可以見到韓、牛兩人因職事確有過從，如〈洄杜兼題名〉記元和四年九月，他們迎候河南尹，並陪游宿；〈清河張君墓誌銘〉則記「牛宰相」長慶元年擔任御史中丞，此外再無任何足資佐證的史料了。

《唐摭言》乃是專記唐代進士科考應試的軼聞掌故，書中卷五、卷十又另外述及韓愈、皇甫湜會晤李賀，李賀當年才七歲便寫出〈高軒過〉，讓兩人大為稱賞。卷五文字比較簡要，今錄於下：

> 韓文公、皇甫補闕見李長吉，時年七歲，二公不之信，因面試〈高軒過〉一篇。

〈高軒過〉詩前的確有序云：「韓員外愈、皇甫侍御湜見過，因而命作。」但詩末「龐眉書客感秋蓬，誰知死草生華風」云云，根本不是七歲童子的語氣，《新唐書》不察，竟誤將李賀七歲作〈高軒過〉寫入正史之中：

> 李賀字長吉，系出鄭王後。七歲能辭章，韓愈、皇甫湜始聞未信，過其家，使賀賦詩，援筆輒就如素構，自目曰〈高軒過〉，二人大驚，自是有名。

牛僧孺與李賀故事，雖然存有稗史虛飾成分，但從兩者的同質化，就能理解唐人舉業需要有人提攜引薦，韓愈〈上于襄陽書〉云：「莫為之前，雖美而不彰。」正可以作為當時科舉名場風氣的寫照。

《晚笑堂畫傳》李賀繪像

賈島的「推敲」

賈島拜訪友人李凝，寫下「僧敲月下門」，後人因其苦吟而穿鑿他不辨「敲」或「推」。

蘇東坡〈祭柳子玉文〉說過：「郊寒島瘦。」孟郊、賈島是中唐時期的苦吟詩人，兩人不僅生活苦，吟詩作對也苦，不過孟郊科考還有中第，曾寫過〈登科後〉云：「昔日齷齪不足誇，今朝放蕩思無涯。春風得意馬蹄疾，一日看遍長安花。」詩中表達考上進士的雀躍暢快心情。反觀賈島原是出家人，法名「无本」，後來認識韓愈，成為韓門弟子，韓愈勸他還俗參加進士考試，卻遺憾終身屢試不第。

賈島耽於詩篇，〈送天台僧〉說：「身心無別念，餘習在詩章。」這正是他自己的最佳寫照；而其〈戲贈友人〉也說：「書贈同懷人，詞中多苦辛。」

寫詩真是耗竭他的心神！當他吟成「獨行潭底影，數息樹邊身」二句後，還自註一絕云：「兩句三年得，一吟雙淚流。知音如不賞，歸臥故山秋。」

如此著迷於寫詩，又寫得這麼艱辛，因此有了言行違常的傳聞。五代王定保《唐摭言》卷十一〈無官受黜〉記賈島羈旅長安，騎驢吟詠，忽見秋風狂掃黃葉，靈光乍現，脫口吟出「落葉滿長安」，但其對句卻苦思不得，竟不覺唐突京兆尹劉棲楚而遭繫一晚。還有一次遇見唐武宗於定水精舍，竟然冒犯龍顏，武宗於是授他一官，謫往四川任長江縣尉：

> 賈閬仙名島。元和中，元白尚輕淺，島獨變格入僻，以矯浮艷，雖行坐寢食，吟咏不輟，常跨驢張蓋，橫截天衢。時秋風正厲，黃葉可掃，島忽吟曰：「落葉滿長安。」志重其衝口直致，求之一聯，杳不可得，不知身之所從也，因之唐突大京兆劉棲楚，被繫一夕而釋之。又嘗遇武宗皇帝於定水精舍，島尤肆侮，上訝之。他日有中旨令與一官，謫去，乃授長江縣尉，稍遷普州司倉而卒。

類似的情節，在後蜀何光遠《鑑戒錄》卷八〈賈忤旨〉是說賈島騎驢洛陽，吟得「鳥宿池邊樹，僧敲月下門」兩句，因不辨「敲」或「推」哪字好，在專注凝思中，不小心衝撞京兆尹韓愈車隊，韓愈聽聞他的解釋，便為他裁斷說：「作敲字佳矣。」後來他寄跡於法乾寺，法乾寺是宣宗以舊藩邸重新建造，宣宗曾詔命悟達國師知玄於大內講經，賜紫袈裟，署為三教首座，更禮請知玄住於該寺玉虛亭。賈島還俗之後仍常在法乾寺鐘樓寫詩，當宣宗微服出行，聞吟詠之聲，便循聲取其詩卷觀覽，孰料賈島攘臂睨奪之，宣宗因而命他為長江主簿：

> 島初赴名場日，常輕於先輩，以八百舉子所業，悉不如己。自是往往獨語，傍若無人，或鬧市高吟，或長衢嘯傲。忽一日於驢上吟得「鳥宿池中樹，僧敲月下門」。初欲作「推」字，或欲作「敲」字，煉之未定，遂於驢上作「推」字手勢，又作「敲」字手勢。不覺行半坊，觀者訝之，島似不見。時韓吏部權京尹，意氣清嚴，威振紫陌，經第三對呵唱，島但手勢未已，俄爲官者推下驢，擁至尹前，島方覺悟，顧問欲責之。島具對：「偶吟得一聯，安一字未定，神遊不覺，致衝大官，非敢取尤，希垂至鑒。」韓立馬良久思之，謂島曰：「作『敲』字佳矣。」遂與島並語笑，同入府署，共論詩道……。及宣宗微行，值（悟達國師知玄）玄不在，上聆鐘樓上有秀才吟詠之聲，遂登樓，於島案上取吟次詩欲看。島不識帝，攘臂睨帝，遽於帝手奪之，曰：「郎君何會耶？」帝慚赧下樓。玄公尋亦歸院，島撫膺追悔，欲投鐘樓。帝惜其才，急詔釋罪，謂島曰：「方知卿薄命矣。」遂御札墨制，除島爲遂州長江主簿。

賈島遭際還真奇特！他的苦吟逸事在晚唐已流傳極廣，安錡〈題賈島墓〉即說：「騎驢衝大尹，奪卷忤宣宗。」《新唐書．賈島傳》也記載：「當其苦吟，雖逢值公卿貴人，皆不之覺也。一日見京兆尹，跨驢不避，謼詰之，久乃得釋。」然而衝撞京兆尹的傳聞，其實大有問題。

賈島有詩〈寄劉栖楚〉，起筆云：「趨走與偃臥，去就自殊分。」說明他與劉栖楚兩人的仕宦和隱逸各不相同，而由於劉栖楚出任桂管觀察使，所以末兩句：「歲暮儻旋歸，晤言桂氛氳。」寄寓期盼他返回敘舊的心情，顯然賈島與劉栖楚友好，豈會遭繫？莫非剛巧有同姓名的兩人都和他有緣？但這並不可能，據《新唐書．劉栖楚傳》說他任京兆尹之後才出為桂管觀察使，因此要合理解釋，只能說劉栖楚「性詭激，敢為怪行」，賈島倒楣；不然便是賈島遭繫後才與他成為朋友了。

然而賈島卒於武宗即位第三年（會昌三年，西元八四三年），他那小小官銜是文宗時已經派命，而且武宗素不奉佛，日僧圓仁《入唐求法巡禮行記》卷三曾載會昌元年正月四日「國忌，奉為先皇帝（指文宗），敕於薦福寺令行香，請一千僧。」這也只是援例辦理，隔了三天，圓仁記：「七日，今天子幸太清宮齋。」顯見武宗好道，又豈會無故前往佛教「定水精舍」，而巧遇賈島？

再來談韓愈。京兆尹是職掌首都長安的官員，韓愈於死前一年（西元八二三年）才轉任此職，韓愈是憲宗元和六年（西元八一一年）在洛陽結識賈島，當時任河南令，他勸賈島還俗應舉，賈島果真還俗，卻不料窮愁潦倒。所以根本不可能到韓愈任京兆尹才與賈島相識。至於在武宗滅佛後恢復佛教的宣宗，即位之時，賈島早去世了！

筆記小說總愛添加想像，以訛傳訛，清代王夫之《薑齋詩話》卷二誤信「推敲」故事而責罵賈島：

「僧敲月下門」，祇是妄想揣摩，如說他人夢，縱令形容酷似，何嘗毫髮關心？知然者，以其沈吟「推敲」二字，就他作想也；若即景會心，則或推或敲，必居其一，因景因情，自然靈妙，何勞擬議哉！

事實上從賈島詩題〈題李凝幽居〉，即知他是訪友，「僧敲月下門」的「僧」是賈島自己，他在月升鳥宿時來到隱士李凝的家，叩門而入本屬人情之常，何來妄想揣摩？又隱者的家門定是柴扉，在靜謐夜晚不論推或敲，都會發出聲響，所以無關哪一字比較響亮比較佳，一切皆是依當時情境用字遣詞罷了。

賈島的詩，晚唐有不少追隨者。姚合〈過無可僧院〉云：「月下門方掩，林中寺更遙。」無可是賈島堂弟，同樣出家，姚合則如賈島一般，在月下尋訪故人；齊己〈過陳陶處士舊居〉云：「夜過秋竹寺，醉打老僧門。」這是齊己來到仙逝的陳陶舊居，想起他狂狷不羈，醉酒搥打僧門的行徑。

三位詩人的詩歌，不論敲門、掩門、打門，其中傳神寫照，何嘗不似王夫之所說：「因情因景，自然靈妙。」

權臣的末路

位高權重的大臣，
或因昏君而遭厄運，
但也有不少是因驕賒貪贓而遭誅戮。

晚唐李德裕遭謫黜，離開東都洛陽平泉山莊，有詩云：「自是功高臨盡處，禍來名滅不由人。」歐陽脩於《集古錄》卷九〈唐李文饒平泉山居詩〉慨嘆曰：「誠哉是言也！」

古來位高權重的大臣，或因主闇不明，道廢不行，而遭遇誅除的厄運；但也有不少是因驕奢貪贓等緣故，而從雲霄墮入無底的深淵。

《宋書・彭城王義康傳》記載南朝宋文帝四弟劉義康專總朝權，四方貢物，皆以上品進獻義康，僅以次品供上御用。文帝曾在冬天吃柑橘，大嘆形味甚劣；義康卻說：「今年有極佳的。」便派人回府取來，竟比御用大三寸。文帝心漸不平，義康最終也以罪賜死。

《新唐書・元載傳》記元載幫唐代宗剷除氣焰熏天的宦官魚朝恩，攀上權力巔峰。當時殊方珍異，皆集其門，貲財不可勝計，代宗忍無可忍，抄了他的家，光是胡椒就有八百石，幾輩子都用不完。《資治通鑑》卷二二五還記代宗心有未甘，又對李泌說：「路嗣恭初平嶺南，獻九寸琉璃盤，朕以為至寶；及破元載家，方知餽贈元載是一尺琉璃盤！」

這兩位豪奢僭越帝王的權臣，和佛教都有因緣：

文帝放逐義康時，曾派釋慧琳探視，義康說：「弟子有機會回京嗎？」慧琳說：「恨公不讀數百卷書！」後來義康讀史書，見西漢淮南厲王勾結匈奴、閩越準備謀反，事跡敗露，同父異母的哥哥漢文帝將他褫奪王爵，發配蜀郡，厲王因個性倔強，不堪屈辱，絕食而亡。義康於是廢書歎曰：「前代乃有此，我得罪為宜也。」而文帝最後仍不放過義康，命臣下逼他服毒自盡，義康不從，說：「佛教自殺不復得人身。」於是以被悶殺之。

代宗的崇佛，是聽從元載等人陳說福業報應，而在宮內陳設佛像，集僧眾百餘人經行念誦。每當夷狄入寇，必令眾僧講誦《仁王經》禳災，敵退則厚加賞賜；元載的女兒也深信佛法出家為尼，但他仍落得抄家滅族的下場。

信仰並非交易，不能求得一分，才肯信一分。《華嚴經・淨行品》說：

若得五欲，當願眾生，捨離貪惑，功德具足。

這是要學佛人迴轉私我的覺受，去體察、祝願有情眾生皆得安樂。尋常人縱使做不到「能回箭鋒射自己」，將利箭射向自己的欲望和無明，至少能以同理心自他互換，在個人富足逸樂時，也念及人人無不渴望幸福；尤其大權在握的執政者，不以天下蒼生為念，只想替自己的城堡多砌一片瓦、一塊磚，其結局總難免步上劉義康和元載「禍來名滅」的後塵。

後周世宗柴榮之死

傳言後周世宗自胸擊破鎮州銅佛像，以致疽發胸間而崩。其實世宗毀像鑄錢時，大悲像上半身已是泥塑。

柴榮繪像

後周世宗柴榮（西元九二一—九五九年）於顯德二年（西元九五五年）四月下詔整飭寺院，沙汰僧尼；九月又敕令百姓繳出銅器佛像，國家會給予補償，如逾期不繳，被查出超過五斤，就是死罪：

> 除縣官法物軍器、寺觀鐘磬鈸鐸之類聽留外，自餘民間銅器佛像，五十日內悉令輸官，給其直（值）；過期不輸，五斤以上，其罪死。

世宗並謂侍臣：「卿輩勿以毀佛為疑，夫佛以善道化人，苟至於善，斯奉佛矣。彼銅像豈謂佛耶？且吾聞佛志在利人，雖頭目猶舍（捨）以布施，若朕身可以濟民，亦非所惜也。」

世宗反而藉佛法來辯解毀佛的合理性，他說佛教勸人為善，只要行善便是奉佛。那些銅像哪算是佛？何況佛的頭目都捨得布施了，世宗說他自己的身體如能利濟百姓，一樣在所不惜。司馬光《資治通鑑》卷二九二對此給予高度評價：

若周世宗可謂仁矣，不愛其身而愛民；若周世宗可謂明矣，不以無益費有益。

結果據志磐《佛祖統紀》卷四二說：「是歲廢寺三千三百三十六所，以所毀像鑄周通錢」，這與歐陽脩《新五代史．世宗本紀》說法完全吻和。

毀佛四年，到顯德六年五月，世宗在北伐契丹途中染疾，班師回汴京後崩殂，得年才三十九歲。史書並未詳載得何病，但宋人盛傳是癰疽之疾，王鞏《隨手雜錄》說世宗毀像鑄錢，鎮州（今河北石家莊正定縣）觀音像因高大而倖免。及世宗北伐，「命以砲擊之，中佛乳，竟不能毀。未幾，世宗癰發乳間而殂。」

在王鞏之前，楊億《楊文公談苑》是記世宗以斧钁自胸擊破鎮州大悲像，因而病疽發胸間。楊書已佚，曾慥《類說》卷五三有轉引：

周世宗毀銅佛像鑄錢，曰：「佛教以爲頭目髓腦，有利於眾生，尚無所惜，寧復以銅像爲愛乎？」鎮州大悲銅像甚有靈應，擊毀之際，以斧钁自胸鏡破之。後世宗北征，病疽發胸間，咸謂報應。

楊億的說法在佛教典籍常被引述，惠洪《林間錄》卷上又多補了世宗毀像時，「太祖（趙匡胤）親見其事」、「因信重釋教」，更增添周世宗惡報、宋太祖親睹而信佛的真實性。

惠洪記太祖親見毀像之報，並非個人杜撰，明代心泰《佛法金湯編》卷十一轉引與惠洪同時的祖秀《歐陽（脩）外傳》也載「太祖目擊周世宗鎔範鎮州大悲菩薩銅像，鑄為錢」，於是密訪麻衣和尚，和尚預言不久當有聖帝大興，「興則佛法賴之亦興。」因此太祖即位後，屢建佛寺，歲度僧人。

到了志磐《佛祖統紀》卷四三，除依循惠洪、祖秀傳述，又再增加宋太宗也見此報應：「時太祖、太宗目見之。」這應與太宗繼續修鑄寺像有關。

太宗端拱二年（西元九八九年），田錫奉敕撰〈重修鑄鎮州龍興寺大悲像并閣碑銘并序〉，田錫寫到像毀之際，於蓮座中有字云：「遇『顯』即毀。」印證了事有前定，因此既「革有周之正朔，造皇宋之基業」，從太祖乾德（西元九六三—九六七年）年間開始重鑄千手觀音，修建大悲寶閣，至太宗才完竣，因此也將太宗納入。

志磐《佛祖統紀》卷四二還引《神應錄》記世宗死後在地獄的慘狀：汴都將士周百勝夢入地獄，見一黑人臥大鐵床，「獄卒持鑿破其胸，灌以銅汁，叫聲不可聞。」原來這位身形焦黑的人，便是毀像受報的周世宗。

但事實上，周世宗果真親自鑿破鎮州大悲像嗎？

在《正定縣志》第十七編〈古碑刻．碑文選〉中記錄現存宋人寺碑，除田錫碑文，又有惠演〈龍興寺鑄金銅像菩薩并蓋大悲寶閣序〉、葛蘩〈龍興寺大悲閣記碑〉、徽宗宣和六年刻立〈金銅大悲像紀碑〉。碑文清楚說明唐代自覺禪師造金銅大悲像，至五代契丹犯境，燒熔菩薩胸臆以上，便取泥修補之，後來世宗令毀銅像，「取却下面銅」鑄錢，信眾又以泥補塑金身。惠演〈序〉記可儔大師回答宋太祖菩薩像是泥是銅，說：

> 元是銅菩薩，值契丹犯界，燒却大悲閣，鎔却菩薩胸臆已上。自後城中檀那再修；却自後又奉世宗皇帝天下毀銅像嚴鑄於錢，又薦起菩薩上面，取却下面銅。自後城中檀那又補塑，却今來全是泥菩薩。

由此可見世宗下令毀像鑄錢時，鎮州大悲像上半身已非銅鑄，而且當時取銅是抬起上半身，取其下半部，世宗何需以斧鑿其胸，甚至以砲擊之？因此推斷世宗應未自胸鑱破鎮州銅佛像。

宋太祖趙匡胤復佛三則傳聞

歷經後周毀佛，宋太祖即位便大力護持佛教，佛教徒普遍對他心存好感，筆記小說也記載他與僧家友好的傳聞。

《歷代古人像讚》宋太祖繪像

宋太祖趙匡胤（西元九二七—九七六年）代周龍興，立刻放寬前朝對佛教的箝制。建隆元年（西元九六〇年）二月十六，因是太祖誕辰，便以該日為「長春節」，志磐《佛祖統紀》卷四三記載：「是日以慶誕恩，詔普度童行八千人。」顯見對三寶的敬重。

太祖復於六月詔曰：「諸路州府寺院，經顯德二年（九五五）停廢者勿復置，當廢未毀者存之。」凡寺院在前朝停廢，就不再設置，若尚未毀廢則予以保留。此後太祖更大力護持佛教，不僅派遣僧徒出國求舍利與佛經，並且建造寺院，開雕藏經，所以佛教徒普遍對宋太祖心存好感，宋人筆記小說也流傳許多太祖未發跡即與僧家友好的傳聞。

筆記小說雖容易穿鑿，但也不是全無憑據，《宋史．太祖本紀》即云：「漢初，（太祖）漫遊無所遇，舍襄陽僧寺，有老僧善術數，顧曰：『吾厚贐汝，北往則有遇矣。』」史載老僧供給他盤纏，囑咐他往北走，剛巧周太祖郭威以樞密使征討李守真，於是太祖應募居其帳下，果然締造了發跡變泰的一生。

但是下面舉出的故事，則是經口耳傳說，輾轉附會而來。李廌《師友談記》、周煇《清波雜志》卷一都提到：

> 五代時，有僧某卓庵道邊，蓺蔬丐錢。一日晝寢，夢一金色黃龍，食所蓺萵苣數畦。僧寤驚，且曰：「必有異人至。」已而見一偉丈夫，於所夢之所取萵苣食之。僧視其狀貌凜然，遂攝衣延之，餽食甚勤。頃刻告去，僧囑之曰：「富貴無相忘。」因以所夢告之，且曰：「公他日得志，願爲老僧只於此地建一大寺。」偉丈夫乃藝祖也。既即位，求其僧，尚存，遂命建寺，賜名普安，都人稱爲「道者院」。

「藝祖」之名源自《尚書．舜典》，是對開國帝王的美稱，此處當然指太祖。李廌說這傳聞乃得之蘇軾，而除了太祖取食萵苣，還多了太祖臨行，僧「取數鐶錢之」一事，符合《宋史》所載；不過劉永翔《清波雜志校注》、劉長東《宋代佛教政策論稿》皆考辨普安院於後周顯德五年建置，並非太祖受禪後新立，「真龍下凡之事涉於誣罔，甚至連其史實背景也有失實。」

另外邵伯溫《邵氏聞見前錄》卷一也記載太祖微時，「自長武至鳳翔，節度使王彥超不留，復入洛。枕長壽寺大佛殿西南角柱礎晝寢，有藏經院主僧見赤蛇出入帝鼻中，異之。帝寤，僧問所向，帝曰：『欲見柴太尉於澶州，無以為資。』僧曰：『某有一驢子可乘。』又以錢幣為獻，帝遂行。柴太尉一見奇之，留幕府。未幾，太尉為天子，是謂周世宗。」

仔細分析李廌、周煇、邵伯溫的說法，其實是同一事件分化為二，故事主要在陳述太祖建功受禪，幸賴方外資助，才能奠立萬世基業；然而龍蛇之變，卻是別有所承。

曾慥《類說》卷二七引晚唐盧肇《逸史．巨蛇食藤花》有云，玄宗未登基前，到洛陽令崔日知家：

> 明皇微時至洛陽，幸崔日知宅。崔設饌未熟，明皇因寢。庭前一架藤花初開，日知見巨蛇食藤花，逡巡不見。明皇覺曰：「飢甚，夢中食藤花，甚飽。」日知方知他日啓聖之驗也。

唐玄宗夢化巨蛇食藤花，正是僧夢金龍食萵苣之所本。而收於李昉《太平廣記》四五九卷〈姚景〉，原出徐鉉《稽神錄》，《稽神錄》成於周世宗顯德二年，也是未入宋時作，其云：

> 僞吳壽州節度使姚景，爲兒時，事濠州節度使劉金，給使廄中。金嘗卒行至廄，見景方寢，有二小赤蛇戲于景面，出入兩鼻中。良久景寤，蛇乃不見。金由是驟加寵擢，妻之以女，卒至大官。

劉金突然走到馬廄，看見姚景在睡覺，有兩條小紅蛇從姚景鼻孔中遊戲進出，於是對他另眼相看，並將女兒嫁給他。馬令《南唐書》也寫此奇蹟入〈姚景傳〉，這即是邵伯溫「赤蛇出入帝鼻中」所本。

為了宣揚宋太祖真龍出世，應天順人，編造神異事蹟的好事者，著實煞費苦心！志磐《佛祖統紀》卷四三又記：「上自洛陽回京師，手書《金剛經》，常自讀誦。宰相趙普因奏事見之。上曰：『不欲甲冑之士知之，但言常讀兵書可也。』」

志磐並非杜撰，這是修改自《類說》卷十九：「太祖晚年自西洛駐蹕白馬寺而生信心，洎回京闕，寫《金剛經》讀之……。」不過宮禁之事，如何流傳民間？太祖不想讓人知道他讀寫佛經，自己當然不說；那麼是趙普說的嗎？《宋史．趙普傳》云：「普沉厚寡言」，又說：

> 普少習吏事，寡學術，及爲相，太祖常勸以讀書。晚年手不釋卷，每歸私第，闔戶啓篋取書，讀之竟日。及次日臨政，處決如流。既薨，家人發篋視之，則《論語》二十篇也。

趙普閉門讀書，家人尚且不知趙普讀的是《論語》，所以即便太祖抄讀《金剛經》，趙普也不可能說出去，故傳聞可疑。

據李燾《續資治通鑑長編》卷七載乾德四年（西元九六六年），「詔西川轉運使沈義倫於成都寫金銀字《金剛經》，傳置闕下。」或許這才是太祖手寫《金剛經》故事的原型，民間傳聞往往年代、人物都失真了。

世情兩面觀

直心是道場，
練達人情，
可以免災避禍；
道貴心行，
不在言說。

北宋邵伯溫《聞見錄》卷八記呂夷簡為相時，他的夫人到宮中，仁宗皇后對她說：「皇上愛吃醃漬淮白魚，但是祖宗立下規矩：『不得取食味於四方。』宰相家鄉在壽州江淮之地，應該會有吧？」

呂夫人回答說：「有。」回家準備了十盒。呂夷簡知道了，說：「奉上兩盒就好。」夫人怪他為御宴備食還這麼吝惜，呂夷簡說：「皇家沒有的玉食，人臣之家怎能有十盒呢？」

呂夷簡練達人情，心思縝密周慎，邵伯溫評論說：「嗚呼！文靖公者，其智絕人類此。」夷簡封許國公，文靖乃是他的謚號。

南宋羅大經《鶴林玉露》卷五也載秦檜夫人王氏常入宮禁，高宗生母顯仁太后有次和她閒聊，說道：「近來子魚大的非常少啊！」王氏一聽，不假思索說：「臣妾家有，當挑百尾獻太后。」一回家就告訴秦檜，秦檜罵她失言惹禍，馬上與門下士商議，改以青魚進獻。太后見了，拍掌笑道：「我說這婆子蠢吧！把青魚當成子魚了。」

子魚就是烏魚，和青魚很像，只是比較小，李時珍《本草綱目》卷四四載其：「生東海，狀如青魚。長者尺餘，其子滿腹，有黃脂，味美。」所以秦檜用移花接木的手法，掩飾居家豪奢的真相。羅大經評論說：「觀此，賊檜之姦可見。」

以上相似的兩件魚事，都為了免災避禍，但後人何以有迥然不同的評價？因為呂家的魚是家鄉口味，不是貪瀆徵斂而得；秦檜則是奢逾皇家，又改用青魚隱瞞實情，其行可恥，其心可誅。

蘇軾《東坡志林》卷二也談及永明延壽禪師原是稅務官，他每見到魚蝦，就買去放生，為了放生，他家徒四壁，甚至還盜用官錢。後來事發將被處死，吳越王派人到刑場探視，若悲懼如常人便殺之；否則捨之。禪師面臨生死關頭，一派淡然，因此獲得赦免，出家修行：

> 錢塘壽禪師，本北郭稅務專知官，每見魚蝦，輒買放生，以是破家。後遂盜官錢爲放生之用，事發坐死，領赴市矣，吳越錢王使人視之，若悲懼如常人，即殺之；否則捨之。

禪師淡然無異色，乃捨之。遂出家，得法眼淨。

任誰都明白監守自盜不合法；但「如得其情，則哀矜而勿喜。」延壽禪師慈悲護生，不為自己求安樂，與捨身飼虎、割肉餵鷹的布施豈有兩般？

所以道貴心行，不在言說。《論語．陽貨》云宰我質疑守喪三年不行禮樂，將使禮壞樂崩；何況大自然也以一年為循環周期，那麼守喪為何不能一年呢？宰我說得頭頭是道，孔子卻問：「你心安嗎？」宰我說：「安！」孔子說：「汝安則為之！」即便孔子也是摒棄表象，直指人心，因為「直心是道場」，正邪就看他最初的一念。

饅頭與餕餡

古代的饅頭就是，現在的肉包。包子是後起的饅頭別名。宋人稱「餕餡」，則是素餡的菜包。

《王梵志詩校注》書影

初唐詩人王梵志有首詩非常膾炙人口：

城外土饅頭，餡草在城裡。
一人喫一箇，莫嫌沒滋味。

意思是說，生命走向死亡是必然的，不論愛不愛吃「土饅頭」，最終人人都要嘗一個。「土饅頭」指墳墓，因此成為家喻戶曉的用語。宋代范成大為自己找了墓地，也寫詩說：「縱有千年鐵門限，終須一箇土饅頭。」即使身體康健，如包覆鐵皮的門檻那般千年也踩不壞，最終還是要埋葬入土。

但仔細思索，王梵志詩頗有語病。既然一個土坑一具屍體，人就像餡一樣被包進土裡了，又怎麼去「吃」，怎麼

「嫌沒滋味」呢？宋代胡仔《苕溪漁隱叢話》記載黃山谷對此就覺得納悶，說：「已且為土饅頭，尚誰食之？」於是改後兩句為：「預先著酒澆，使教有滋味。」這麼一改，警世味道淡了，倒有李白「且樂生前一杯酒」的灑脫。

現代人讀這首詩，還會疑惑饅頭怎麼有餡？應說「城外土包子」才是吧！其實古代饅頭就是現在的肉包，《事物紀原》、《七修類稿》、《三國演義》諸書都記載諸葛亮用麵皮裹肉像人頭來祀神，原先叫「蠻頭」，後來才改稱「饅頭」。

包子是後起的饅頭別名。宋代王栐《燕翼詒謀錄》卷三云：「仁宗皇帝誕生之日，真宗皇帝喜甚，宰臣以下稱賀，宮中出包子以賜臣下，其中皆金珠也。」孟元老《東京夢華錄》卷二也說當時首都汴京小吃店：「更外賣軟羊諸色包子。」

若是素餡菜包，宋人叫「餕餡」。葉夢得《避暑錄話》卷下就說了一件趣事：吳僧淨端行解通脫，丞相章惇請他用膳，自己仍然吃葷。侍者誤將饅頭和餕餡錯放在兩人面前，淨端很自在的吃起來，而章惇吃到餕餡，知道弄錯了，立刻斥罵侍者，並對淨端說：「您吃到饅頭了！」淨端仔細一看，說：「果然是饅頭！我還奇怪餕餡怎這麼甜！」

葉氏以此論述何謂「不動心」說：「此僧真持戒者也。」淨端道解深妙，人稱「端獅子」，有《湖州吳山端禪師語錄》傳世。

不可不慎的「標點」

甲骨文中有斜線、豎線、短橫線、短曲線，是標點符號最初的雛形。標點有誤，差之毫釐，失之千里。

「今年好煩惱少不得打官司」、「行人等不得在此小便」、「下雨天留客天留我不留」，這些都是與標點攸關的笑話。標點是小事，卻不能不注意，《宋史．儒林八．何基傳》即說何基微辭奧義，研精覃思：「凡所讀無不加標點，義顯意明，有不待論說而自見者。」標點符號的重要，由此可見。

中國早在殷商時期，甲骨文就有分為斜線、豎線、短橫線、短曲線等示意分辭的標點符號，但是從一九二〇年二月，教育部發佈〈通令採用新式標點符號文〉，現代新式標點符號才正式使用。

由於古書還沒新式標點，句讀常見

紛歧，例如宋玉〈登徒子好色賦〉：

「宋玉盛稱鄰之女，以為美色，愚亂之邪！臣自以為守德，謂不如彼矣。」也可以作：

「宋玉盛稱鄰之女，以為美色；愚亂之邪臣，自以為守德，謂不如彼矣。」標點雖略有歧異，但還不致影響全篇文意。

反觀《論語》說：

「民可使由之，不可使知之。」

「廄焚，子退朝，曰：『傷人乎？』不問馬。」標點方式若改變成：

「民可，使由之；不可，使知之。」

「廄焚，子退朝，曰：『傷人乎？』『不。』問馬。」

或者：

「廄焚，子退朝，曰：『傷人乎不（否）？』問馬。」

二者文義便迥然有別，可謂差以毫釐，失之千里。因此古人入學讀書，先要學習離經辨句，韓愈〈上兵部李侍郎書〉曾道：「沉潛乎訓義，反覆乎句讀。」皇甫湜〈答李生第二書〉也說：「讀書未知句度，下視服（虔）、鄭（玄），此時之大病，所當嫉者。」

以下且舉幾個因標點引發文化史不同解讀的例子：

梁簡文帝在東宮大作豔詩，《梁書・本紀》評這種「宮體詩」「傷於輕豔」，原文是：「其〈序〉云：『余七歲有詩癖，長而不倦。』然傷於輕豔。」但因古書無標點，遂被誤讀為「余七歲有詩癖，長而不倦，然傷於輕豔。」這不僅使日本鈴木虎雄《中國詩論史》以為簡文帝〈自序〉已坦承寫作宮體的不當；早在中唐時代，劉肅《大唐新語》也說他因悔作豔詩，才命徐陵編纂《玉臺新詠》：「梁簡文帝為太子，好作豔詩，境內化之，浸以成俗，謂之『宮體』。晚年改作，追之不及，乃令徐陵撰《玉臺集》，以大其體。」

南宋吳子良《林下偶談・飲墨》提及世俗稱不會寫文章的人是「胸中無墨」，並據《通典》說北齊策士掄才，書跡濫劣者，飲墨水一升。最後又舉初唐王勃為文，「先磨墨汁數升酣飲，引被覆面臥，及寤，援筆成篇，不改一字，人謂勃為腹稿。」這是將《新唐書》記載王勃磨墨、酣酒而睡，原文為：「先磨墨數升，則酣飲」，曲解成狂喝墨汁的「先磨墨數升則酣飲」了。

再如杜甫有飽死的傳言，《新唐書》云：「（甫）游嶽祠，大水遽至，涉旬不得食，縣令具舟迎之，乃得還。令嘗饋牛炙白酒，大醉，一昔卒。」正確的斷句，「乃得還」和「令嘗饋牛炙白酒」是兩件事，要分開看。杜甫在衡嶽被洪水所困，餓了十天，耒陽令親自舟迎而還，這是一件事；縣令曾致贈牛肉白酒，杜甫大醉而卒又是另一件事，兩件事有句號間隔，不能連起來說，因為如果是同一件事，注重文字精省的《新唐書》就不會加一個「嘗」字了。

坊間通行的《六祖壇經》，文字與敦煌本不同，其標點也可以斟酌：

一僧俗姓陳，名惠明，先是四品將軍，性行麤慥，極意參尋。爲眾人先，趁及惠能。惠能擲下衣缽於石上云：「此衣表信，可力爭耶！」能隱草莽中。惠明至，提掇不動，乃喚云：「行者，行者！我爲法來，不爲衣來。」惠能遂出坐盤石上。惠明作禮云：「望行者爲我說法。」惠能云：「汝既爲法而來，可屏息諸緣，勿生一念，吾爲汝說。」良久，惠能云：「不思善，不思惡，正與麼時，那箇是明上座本來面目。」惠明言下大悟。

當惠明追趕六祖至大庾嶺，惠明云：「我為法來，不為衣來。」六祖便開示說：「不思善，不思惡，在此當下便是明上座本來面目。」惠明既為法而來，所以六祖指點惠明離於善惡兩端，清淨自性自然顯現。而另一種標點變成：「那箇是明上座本來面目？」則是要惠明去參悟。惠明「性行麤慥」，是否有此利根「言下大悟」？而且參話頭的歷史是否那麼早產生呢？這都應該審慎商榷了。

訛傳的史實

歷史尚求真，子虛烏有，
穿鑿附會，則將淪為笑柄。

南宋洪邁《夷堅戊志・序》說友人葉晦叔知道他在搜索奇聞，便轉述劉季高告訴他的一個故事：商賈乘船誤入大魚腹中，魚腹寬敞，幸得不死，有木工數人，取斧斫魚，魚痛躍入大洋中，全船人及魚皆死。洪邁聽後說：「一舟盡沒，何人談此事於世乎？」晦叔聞言大笑。

聰明的洪邁知道，即便小說志怪，也要說得天衣無縫，合乎邏輯才傳神吸引人。他在《夷堅乙志・序》就曾故意頑皮撒謊，洪邁說他書中記錄的故事遠不超過一甲子，耳目相接，斑斑可考；如果不信，「其往見烏有先生而問之。」烏有先生典出司馬相如〈子虛賦〉，是個虛構人物，誰能問得到！

洪邁《夷堅丁志．序》甚至又批評司馬遷《史記》記秦穆公、趙簡子史事，不是太神奇嗎？又漢武帝祭祀長陵神君、張良尊崇圮下黃石，不是太荒誕嗎？所以他自稱是最善學太史公的人了。

閱讀洪邁無傷大雅的諧謔說法不妨一笑，不過這也反證史實切不可淪為笑柄。《左傳．宣公二年》記載無道昏君晉靈公與重臣趙盾交惡，暗中派鉏麑行刺。鉏麑一早來到趙盾家，見臥室門已打開，趙盾已穿戴朝服準備上朝，因為時間還早，正坐著打盹。鉏麑看到趙盾如此忠於職守，不忍下手；但違背國君命令是失信，他慨嘆身為刺客，與其辦不到，毋寧一死，於是歎而言曰：「不忘恭敬，民之主也。賊民之主，不忠；棄君之命，不信。有一於此，不如死也。」便頭撞槐樹而亡。

鉏麑不選擇自刎，就是故意要死得面目全非，讓人無從辨認，對國君也有交代，那麼史官怎知他是鉏麑，還知他死前說過一段理性感性兼而有之的話呢？

另有同樣荒誕的事：贊寧《宋高僧傳》卷二〈善無畏傳〉、卷十四〈道宣傳〉都講述了善無畏來中土，久仰道宣持律第一，請求住於西明寺：

> 畏曾寓西明道宣律師房，示爲麤相，宣頗嫌鄙之。至中夜，宣捫蝨投于地，畏連呼：

「律師撲死佛子！」宣方知是大菩薩，詰旦，攝衣作禮焉。（卷二）

此事取材於晚唐鄭綮《開天傳信記》，並非毫無憑據；但道宣在高宗乾封二年（西元六六七年）亡化，至玄宗開元四年（西元七一六年）善無畏才到長安，已相隔五十年。贊寧並非不清楚這種時間差，只是他偏信神異，不僅說：「（善無）畏出沒無常，非人之所測也。」甚至懷疑有兩位善無畏：「無畏非開元中者，貞觀、顯慶已來，莫別有無畏否？」殊不知《開天傳信記》專門記載玄宗開元、天寶時事，所以若要相信神異，理應道宣出沒無常，或者先後有兩位駐錫西明寺的道宣律師才更恰當了。

歷史重視實錄，孔子說過：「夏禮吾能言之，杞不足徵也；殷禮吾能言之，宋不足徵也。文獻不足故也。」杞是夏朝之後，宋是殷商之後，但到了後世文獻不足，夏商禮儀便難以查考。雖然夏商之禮，以孔子的博學，能知能言，但孔子言必有據，認為尚須尋求文獻，以為徵信。因此當我們在面臨諸多野史傳言不足徵信的情況下，同樣闕之可也。

黑風吹船

佛經〈普門品〉描繪了娑婆世間千鈞一髮，動盪心魂的景象，觀世音菩薩成了苦海渡人的舟筏。

《法華經．普門品》云：

假使黑風吹其船舫，飄墮羅剎鬼國，其中若有乃至一人，稱觀世音菩薩名者，是諸人等，皆得解脫羅剎之難。

經文描繪處於千鈞一髮，動盪心魂的當下，只要稱念觀世音菩薩名號，就能解脫危難。這典故在文人生花妙筆中，常又別樣翻新。像清末黃遵憲到了倫敦，見到一片霧茫茫的城市，便寫下〈倫敦大霧行〉，說：「忽然黑暗無間墮落阿鼻獄，又驚惡風吹船飄至羅剎國。」這正是巧妙化用佛經闇黑凶險的地獄、羅剎鬼國情狀，來比擬倫敦濃霧的可怖，堪稱傳神之極。

文學家鎔鑄佛典，蘇軾也是箇中高手。蘇軾因反對王安石新法，自請外調杭州任通判，神宗熙寧六年（西元一〇七三年）初秋飲於當地著名景點有美堂，見暴雨驚雷驟起而寫出壯闊雄奇的七律〈有美堂暴雨〉，前四句說：「遊人腳底一聲雷，滿座頑雲撥不開。天外黑風吹海立，浙東飛雨過江來。」

詩一開始便直接入題寫暴風雨來時，悶雷起自腳下，烏雲盤旋座席撥也撥不開，接著黑風像捲起了海嘯，浙東的雨都飛過江來。突顯出所處的地勢高、雨勢急，完全與平地所見不同。其中「天外黑風吹海立」，不僅吸收杜甫〈朝獻太清宮賦〉「四海之水皆立」的典故，同時也徵引了「黑風」的意象。

〈普門品〉經句後來還化成多位禪師以身言教的公案。

五代靜、筠二師《祖堂集》卷十四及北宋道原《景德傳燈錄》卷六，皆記載唐代宰相于頔問道通禪師：「如何是黑風吹其船舫，飄墮羅剎鬼國？」禪師回說：「客作漢！問這幹什麼？」「客作漢」原指受僱的傭工，後來轉成罵人低賤的鄙薄語。所以于頔不禁怒形於色，禪師才緩緩指出：「這便是飄墮羅剎鬼國。」

南宋真德秀〈跋楊和父印施普門品〉則是說唐代李翺問藥山惟儼禪師：「如何是惡風吹船飄入鬼國？」禪師說：「李翺小子！問此何為？」李翺佛然變色，師乃笑曰：「發此瞋恚心，便是黑風吹船，飄入鬼國也。」

南宋末年志磐《佛祖統紀》卷四十一又記唐代大宦官魚朝恩詢問慧忠國師：「何謂無明？從何而起？」國師曰：「衰相現前奴，也解問佛法！」魚朝恩聞言大怒，國師便道：「即此是無明，無明從此起。」無明火起，其實即是黑風吹船入鬼國了。

另外，日本臨濟宗僧白隱慧鶴的公案，說武士向禪師請教地獄和天堂的分別，禪師故意激怒他，然後開示：「這不就是地獄？」武士幡然省悟並懺悔，禪師又說：「這不就是天堂？」

凡此中外諸例，皆見異曲同工之處。世路多梗，航行於詭譎莫測的大海，不可能不遇「黑風吹船」；「黑風吹船」而能不「飄墮羅刹鬼國」者幾希？所以〈普門品〉稱念觀世音菩薩即得解脫，正是「苦海常作渡人舟」的慈悲。

鞋&針線寄情

「鞋」、「諧」雙關，
蘊含委婉成雙的情愫；
「針」、「線」相隨，
卻有現實冷酷的意涵。

老兵作家張拓蕪先生和從小訂親的蓮子，因為戰亂而闊隔多年，蓮子獨身未嫁，透過領養的鐵匠兒子，將親手縫製的布鞋，還有兒子打造的剪刀，輾轉寄到張先生手中。詩人洛夫得知此事，非常感動，於是寫下新詩〈寄鞋〉，轟動一時，傳為美談：

間關千里
寄給你一雙布鞋
一封
無字的信
積了四十多年的話
想說無從說
只好一句句
密密縫在鞋底……

記者後來訪問張先生，才知蓮子先前已得過張先生的接濟，因此把自己會做的家常物品回贈予他。事情其實很單純，但在詩人筆下，就變得浪漫情深，款款動人。

錢鍾書《管錐編》第二冊〈太平廣記卷八五‧鞋者諧也〉已經指出〈華陰店嫗〉楊彥伯將行，失所著鞋，嫗即告曰：「將行而失其鞋，是事皆不諧矣。」「鞋」取「諧」音，乃是「唐人俗語」。例如知名的〈霍小玉傳〉，小玉夢見黃衫客抱李益入席，並要她脱鞋，她驚醒後，自知鞋脱掉了，意味著永別：

> 先此一夕，玉夢黃衫丈夫抱生來，至席，使玉脱鞋。驚寤而告母，因自解曰：「鞋者，諧也，夫婦再合。脱者，解也，既合而解，亦當永訣。由此徵之，必遂相見，相見之後，當死矣。」凌晨，請母梳妝。母以其久病，心意惑亂，不甚信之。黽勉之間，強爲妝梳，妝梳才畢，而生果至。

又如白居易〈感情〉描述在貶謫地江州曝曬衣物，忽見鄰女昔日餽贈的一雙鞋，於是勾起年少期盼雙行雙止的回憶，內心滿懷惆悵……。

千年以來，鞋因諧音及成雙的特質，蘊含委婉雙關的情愫，成為文人慣常比擬的傳統；我們也聽過流行歌曲〈針線情〉：「你是針，我是線，針線永遠連相偎。」但針線情愛的比擬，在楊衒之《洛陽伽藍記》卷三〈正覺寺〉，卻有更現實冷酷的意涵。

北魏尚書令王肅，因父兄遭齊武帝誅殺，便投奔北魏，當時孝文帝大力推行漢化，非常器重他，朝儀國典，皆出其手。王肅在江南已娶謝氏為妻，到洛陽後，又奉詔娶了寡居的孝文帝妹妹彭城公主。謝氏不辭勞苦，攜帶兒女千里尋夫，豈知王肅再娶帝冑，便作詩云：

本爲箔上蠶，今作機上絲。得路逐勝去，頗憶纏綿時？

此詩應是從南朝樂府〈西曲歌．做蠶絲〉：「春蠶不應老，晝夜長懷絲；何惜微軀盡，纏綿自有時」翻用而來。竹箔中的蠶結繭成絲，絲線放在紡織機上，一路隨著機器很快織成華麗的錦緞，絲線還能憶起未蛻變前，同處在箔上的依偎纏綿嗎？謝氏相信丈夫再娶公主，就如蠶絲安放上紡織機，完全身不由己，她是可以諒解他的再婚，但只怕丈夫成為駙馬爺不念舊情，所以藉物擬人，探詢他的想法。其中「絲」又是「思」的雙關語，意在言外，含蓄委婉。

《太平廣記》卷四九三也收錄此事，但《洛陽伽藍記》云：「肅在江南之日聘謝氏女為妻，及至京師，復尚公主。」《太平廣記》卻多了：「其後謝氏入道為尼，亦來奔肅。」似乎謝氏是出家才來投奔王肅。

我們從詩句可以體會謝氏的心情是期待夫婦團圓；又根據《魏書．王肅傳》說：「肅臨薨，謝始攜二女及（子）紹至壽春。」王肅三十八歲便去世，若當時謝氏已經為尼，豈會與子女一起到北魏？顯然她的為尼是被迫不得已。且看《洛陽伽藍記》說公主得知謝氏贈詩，便非常不悅，於是從絲線尋找靈感，替王肅次韻作答：

針是貫線物，目中恒任絲。

得帛縫新去，何能納故時！

針可以穿線，針孔常穿各種不同的絲線，得到好布料，便以新線縫製新衣，怎還能用舊的絲線呢！王肅見詩即知公主容不下謝氏，便懷著愧疚之情，建造正覺寺供謝氏在裡面清修。《洛陽伽藍記》說公主寫詩，「肅甚愧謝之」，如果謝氏早已出家，王肅應該就不那麼內疚了。

《洛陽伽藍記》記錄了最實際的「針線情」。針線相連固然不錯，問題是穿過針孔的線會不斷汰舊換新，所以陶醉於〈針線情〉旋律的時候，仍應保有幾許清明：絲線是容易被替換的。

狂心未歇和凶兆徵驗

眾生心中都住個演若達多，一旦打起妄想，便見不著自性清淨的本來面目。

室羅城的演若達多早晨醒來，攬鏡自照，忽然疑心鏡中的頭可以清楚看見自己的眉眼，但是他的頭呢？為什麼看不見自己的面目？他想入非非，懷疑自己是無頭妖魔，愈疑愈顛倒，以致擔頭覓頭，瘋狂奔走。

這是《楞嚴經》卷四，佛陀講述「迷頭認影」的故事，旨在開示弟子「狂性自歇，歇即菩提」的道理。眾生心中都有個演若達多，若打起妄想，迷上轉迷，狂性就難以遏抑了。

在《太平廣記．徵應．人臣咎徵》也有好幾個掉了頭的故事。例如：東晉謝安正在接待賓客，夫人劉氏卻看見狗啣著他的頭來。結果當月謝安就死了。

北魏爾朱世隆有天晝寢，妻子奚氏忽見有個人帶走他的頭，她趕緊跑到房裡看，世隆仍在睡覺。等世隆醒了，也對妻子說：「剛才夢見一個人砍我的頭，拿走了。」幾天之後，爾朱世隆便被處斬。這故事在《魏書》、《北史》也有記載。

再如北齊張雕虎在死前一天，騎著馬在路上行，有人望見他沒有頭，隔天就遇害了。《太平廣記》還有神似演若達多的情節：在唐文宗大和九年（西元八三五年），京兆尹羅立言準備冠帶入朝，但「引鏡自視，不見其首」，其後果然捲入謀殺宦官失敗的「甘露之變」，而被誅死。

照鏡不見頭，不只是稗官野史的傳言，在新舊《唐書》也記太宗第八子越王貞「嘗遊於城西水門橋，臨水自鑒，不見其首，心甚惡之。」其後舉兵反武后，凡二十日而敗死。

更早的《晉書．殷仲文傳》亦載仲文遭何無忌誣陷謀反而被殺，史書說：「仲文時照鏡不見其面，數日而遇禍。」預先無頭，正是凶兆徵驗。

《楞嚴經》闡說真妄世界觀，深刻精闢，饒富哲理，眾生因為迷執，不識清淨勝妙「常住真心性淨明體」，而隨外境起分別心，猶如演若達多只信鏡影中的面目，卻毫未覺察項上人頭本來具足；反觀中國民俗思想普遍認為，另一時空的現象，是可以移轉至夢境或實景中預示應驗，偏重於玄怪靈異，對邏輯分析就比較不感興味了。

從「頭顱不見」開展出來的論述，其深層脈絡，仍可以發現中國和印度在思辨認知上的差異。

戲說鬼提頭

「提頭來見」，
這種生動誇張的說詞，
乃是從戲劇演出中，
轉換至真實人生戲碼的舞臺。

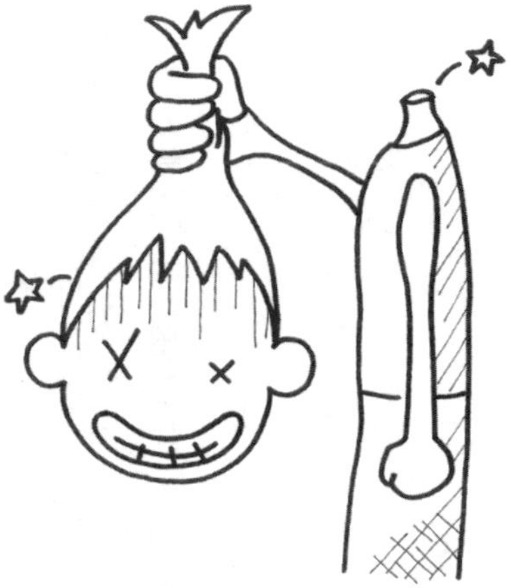

東漢荀悅《漢紀》云梁王彭越遭劉邦梟首族誅，重義氣的欒布對著頭顱祭拜痛哭，而被「提頭趨湯鑊」，也就是被扯著頭往滾燙的鼎鑊丟。

《南史．蕭綜傳》記梁武帝蕭衍次子蕭綜十四五歲時，「恒夢一年少肥壯自挈其首。」蕭綜心驚不已，頻問其母吳淑媛，才知生父是夢裡提著頭的前朝昏君，被武帝貶為東昏侯的蕭寶卷。

再看《三國演義》三十三回也道許褚拔劍殺死許攸，「提頭來見曹操。」

不論欒布被提頭，或蕭綜夢見鬼提自己的頭，還是許褚提許攸人頭，都是沒有語病的用法；但「提頭來見」也成為上司命令部屬，或部屬以生命擔保必定達成任務的詞語，譬如：「事辦不成，提頭來見！」「事辦不成，我就提頭來見！」

問題是自己把頭砍下來，人都死了，怎麼「提頭來見」？

「提頭來見」畢竟與柳宗元〈段太尉逸事狀〉中，段秀實處決一票違法亂紀的士兵，然後親自到汾陽王郭子儀第三子郭晞的營區，談笑風生對士兵說：「吾戴吾頭來矣。」明顯有所不同，這種生動誇張的說詞，應該從戲劇演出中說起。

古代戲劇搬演，被砍頭的鬼魂「提頭」上場，當然不是讓演員砍了頭提在手上，一般都是頭披黑紗，手提一個紅布包的球狀物（戲曲術語叫「砌末」）代表頭顱。

《感天動地竇娥冤》的竇娥遭問斬，魂旦上場並沒有提頭，只戴著黑紗意味是一縷幽魂而已。

《馮玉蘭夜月泣江舟》描述馮太守家小被巡江官殺害，一干鬼魂則是深夜提頭前來向金御史申冤。

元劇還有《包待制智賺生金閣》敘述郭成被龐衙內手下鍘了頭：

【郭成做倒地復起來跑下】【隨從做驚科，見衙內云】……爺著小廝每把郭成拿在那馬房裡，對著他渾家面前，他便按著頭，我便提起銅鍘來，可叉一下，刀過頭落，那郭成提著牆，跳過頭去了。【衙內云】撘！怎麼提著牆，倒跳過頭去了？【小廝云】呸！是提著頭，跳過牆去了。

郭成「提著頭，跳過牆去」，隨即成了厲鬼，上場是：

【魂子提頭衝上，打科】【衙内做慌，云】那裡這個鬼魂打將來？好怕人也。走！走！走！【下】【魂子追趕】……。

中國在商周時期就相信人死為鬼，鬼會影響人世間的禍福；鬼也是佛教六道輪迴之一，佛教經藏裡的鬼趣眾生，類型尤其繁多。只是一般人看不見，所以《韓非子．外儲說左上》有鬼最容易畫的說法。但戲劇卻能將真實人生搬上虛擬的舞臺，經由豐富想像，化虛成實，傳神呈現在觀眾眼前；而同樣具有感染力的語言文字，也常藉著虛擬意象形容真實人生，如此一來，不圓滿的世界，也才能增添幾分生趣。

鬼話無頭

「無頭便有快樂」？
似乎人生總這樣，
「擁有」即成一種負擔與陷溺……。

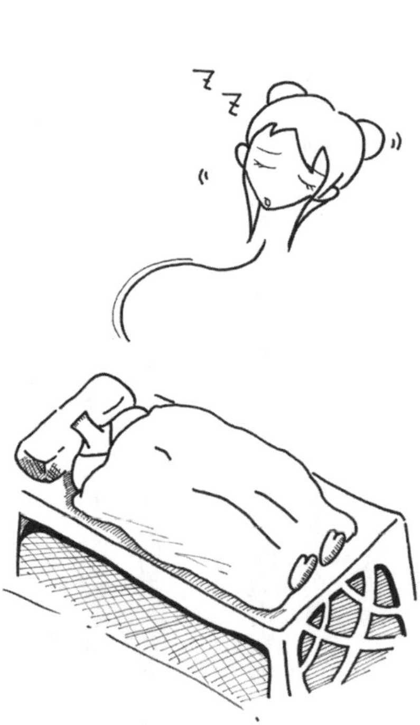

《封神演義》第三十七回，姜子牙奉師父元始天尊之命，手捧封神榜下崑崙山，從後追來的師弟申公豹助紂為虐，勸他燒了封神榜，一起前往朝歌。子牙不依，申公豹笑他道行太淺，如何興周滅紂？還炫耀自己法術高超，「將首級取將下來，往空中一擲，遍遊千萬里，紅雲托接，復入頸項上，依舊還元返本。」

子牙哪裡肯信，於是兩人賭誓，「申公豹去了頭巾，執劍在手，左手提住青絲，右手將劍一刎，把頭割將下來，其身不倒。復將頭望空中一擲，那頭盤盤旋旋，只管上去了。」

幸虧南極仙翁化解這場賭局，他命

白鶴童子將頭啣著，直往南海；頭一時三刻歸不了位，申公豹差點一命嗚呼。

頭顱是六陽經脈的總匯，號稱「六陽魁首」，無頭則諸根毀敗，但《山海經・海外西經》卻有斷頭還能舞盾弄斧的神話，那是刑天與天帝爭神，帝斷其頭，刑天「乃以乳為目，以臍為口，操干戚以舞。」

刑天畢竟是非自願的無頭；假使頭能自在離軀遨遊，豈非更能滿足人們想要遁地飛天的渴望？因此在東晉干寶《搜神記》卷十二，這位「鬼之董狐」說了一則鬼話：三國吳將朱桓得一婢女，晚上入睡，頭便離身飛去。以耳朵為翅膀，從狗洞或天窗進出，天快亮才返回。有人將她的軀體蒙上被子，頭接不上身，身體便呼氣急促，像快死去一般。

干寶說這是南方「落頭民」的天性，曾經有人用銅盤擋住脖子，頭進不去，果然就死了。所以申公豹和「落頭民」看來可以接上一些淵源了。

有淵源的「無頭」公案，在慧皎《高僧傳》另有一樁。話說還未與法顯同赴西域取經的慧嵬，戒行澄潔，多棲處山谷禪修，不料無頭鬼來侵擾他，他便跟鬼說：「無頭就不再頭痛，多快活啊！」鬼便化成無腹者，他又說：「無腹便無五臟之憂，多快樂啊！」對鬼怪一點也不恐懼。

東晉隆安三年（西元三九九年），法顯與慧景、道整、慧應、慧嵬等人，從長安出發取經，慧皎說慧嵬「與法顯俱遊西域，不知所終。」慧嵬雖有其人，但故事內容其實源自三國康僧會譯《舊雜譬喻經》卷下，慧皎有可能接錯「頭」了：

昔外國有沙門，於山中行道。有鬼變化作無頭人，來到沙門前，（沙門）報言：「無頭痛之患。目所以視色，耳以聽聲，鼻以知香，口以受味，了無頭，何一快乎！」鬼復沒去。復化無身，但有手足。沙門言：「無身者，不知痛癢，無五藏，了不知病，何一快乎！」鬼復沒去。更作無手足人，從一面車，轉輪來至沙門。道人言：「大快！無有手足，不能行取他財物，何其快哉！」

似乎人生總這樣，擁有即成為一種負擔和陷溺，所以《老子》不僅說：「吾所以有大患者，為吾有身。」又說：「五色令人目盲；五音令人耳聾；五味令人口爽；馳騁畋獵，令人心發狂；難得之貨，令人行妨。」只是無頭便有快樂，恐怕又是鬼話中的鬼話了。

息壤

「息壤」是中國傳說神話，相傳有息壤的地方，便有梵剎矗立。

根據報載，江蘇省鎮江新區千年古剎紹隆禪寺的懺悔堂玉佛像前有一塊「活地」，每年約以一至三公分速度逐漸隆起，成為饅頭狀，使得鋪在上頭的地磚升高。僧人平均每十年會鏟平它，但過了幾年，又隆起如初。

所謂「活地」，古書稱之為「息壤」，也就是傳說中生生不息的土壤。《山海經・海內經》說上古時期洪水滔天，「鯀竊帝之息壤以堙洪水」，洪水受到阻攔而消退，大地綠野重現，百姓似乎即將解脫水澇之患，但是震怒的天帝，卻派遣火神祝融殺死了鯀，並奪回息壤，導致鯀的治水功敗垂成。

息壤雖被收回，卻似乎零星遺落人

間。唐代柳宗元在永州龍興寺見過法堂地面非常神奇：「隆然負塼甓而起者，廣四步，高一尺五寸。」北宋蘇軾也寫過〈息壤詩〉，他於序言說：

《淮南子》曰：鯀湮洪水，盜帝之息壤，帝使祝融殺之於羽淵。今荊州南門外，有狀若屋宇，陷入地中，而猶見其脊者。傍有石，記云，不可犯。畚鍤所及，輒復如故。又頗以致雷雨，歲大旱，屢發有應。予感之，乃爲作詩。

其地在荊州南門外，應即南宋張世南《遊宦紀聞》卷六言「圖經引《溟洪錄》云，江陵南門有息壤焉，隆起如伏牛馬狀，平之則一夕如故」的「息壤祠」，當時已更名為「地角寺」：「江陵城內有法濟院，今俗稱為地角寺，乃昔息壤祠。」凡遇亢旱，發掘其地，必致雷雨滂沱，這也似乎印證了息壤是鎮壓水潦霪雨的靈物。

息壤必須是在悄無聲息中隆起才足以稱之，若如《舊唐書・五行志》所云：「則天時，新豐縣東南露臺鄉，因大風雨雹震，有山踊出，高二百尺。」這明顯是地殼板塊擠壓的造山運動；又如《漢書・東平思王傳》云：「哀帝時，無鹽危山土自起覆草，如馳道狀；又瓠山石轉立。」雖然沒說地震，但是山石轉動豎立、山土湧出覆蓋草地，成為像皇帝御駕所走的馳道，這恐怕是東平王之子煬王求立為天子所動的手腳，與息壤無關。

息壤是中國傳說神話，但奇特的是與佛教特別有緣，所以在相傳有息壤的地方，便有梵剎矗立。試觀佛教經典也有土地高起，類似息壤的記載，唐代道宣《感通錄》即說晉時成都有僧，「於地見土墳出，隨除終不可平」，後見地又裂開，於是深挖，原來是多寶石佛從地踊出，因此也建了多寶寺。這或許有受到《法華經．見寶塔品》地面湧現多寶佛塔的影響！其中玄奧的並非土壤生生不息，而是佛菩薩聖靈了。矗立。試觀佛教經典也有土地高起，類似息壤的記載，唐代道宣《感通錄》即說晉時成都有僧，「於地見土墳出，隨除終不可平」，後見地又裂開，於是深挖，原來是多寶石佛從地踊出，因此也建了多寶寺。這或許有受到《法華經．見寶塔品》地面湧現多寶佛塔的影響！其中玄奧的並非土壤生生不息，而是佛菩薩聖靈了。

古木中的禪定僧

禪定是梵語「三昧」的意譯，指心處於平靜、專一、無煩惱的狀態。

晚明《憨山大師年譜》記大師三十歲卜居北臺龍門，一日粥罷經行，忽立定，不見身心。出定時，鍋子已蒙上一塵灰，他因一人獨處，也不知時間過了多久。《虛雲和尚年譜》則記和尚於光緒三十三年（西元一九〇七年）在泰國龍泉寺開座講經，一日趺坐定去，九天才出定，因而轟動了全曼谷。

禪定是梵語「三昧」的意譯，指心處於平靜、專一、無煩惱的狀態。白居易〈渭村退居〉即說：「息亂歸禪定，存神入坐亡。」

在佛陀時代，摩訶迦葉、君屠鉢歎、賓頭盧、羅睺羅皆受佛囑託，不入涅槃。而《增一阿含經》卷四十四、《彌勒下生經》卷一有云：「大迦葉亦不應般涅槃。」《付法藏因緣傳》、《大唐西域記》亦記大迦葉在雞足山入定，發願身至彌勒成佛，令不朽壞，所以他至今仍在定中，是娑婆世界入定最久的記錄保持者。

在南宋正受《嘉泰普燈錄》卷二十二記徽宗政和三年（西元一一一三年），嘉州（今四川省樂山市）奏有古樹因風雷摧折，樹中一禪定僧，鬚髮被體，指爪遶身。帝令肩輿入京，由西天總持三藏以金磬出其定，始知為東晉慧遠法師之弟慧持，因遊峨嵋而入定樹穴。問他將往何處去？說願留古樹中。徽宗詔以禮送之，令人繪像頒行天下，並親製三頌：

> 政和三年夏四月，嘉州道傍有大樹，風雷所摧。一僧晏坐樹內，髭髮被體，指爪遶身。本州以事具奏，獲旨令迎至京師供養。時西天總持以金磬出其定，乃問何代僧？曰：「我東林遠法師之弟也。因游峨嵋，不記時代。遠無恙否？」持曰：「遠法師晉人也，去世七百年矣。」遂不復語。持曰：「師欲何歸？」曰：「陳留縣。」即復入定。帝命繪其像，頒行天下，并製三頌。

正受說徽宗製頌，是以皇帝歌讚出家人為榮，惟吳訥《文章辨體序說》有云：「頌之名，實出於《詩》。若商之〈那〉、周之〈清廟〉諸什，皆以告神，為頌體之正。至如〈魯頌〉之〈駉〉、〈駜〉等篇，則當時用以祝頌僖公，為頌之變。故先儒胡氏有曰：『後世文人獻頌，特效〈魯頌〉而已。』」「胡氏」指胡一桂，字庭芳，其說法實據范處義《詩補傳》卷二十六而來；簡言之，頌體是用以讚美祝禱，但試觀徽宗第一首云：

七百年前老古錐，定中消息許誰知？
爭如隻履西歸去，生死徒勞木作皮。

徽宗崇奉道教，大觀四年（西元一一一〇年）已頒詔：「士庶拜僧者，論以大不恭。」因此對這位禪定僧並無太多恭維，詩中說他以樹為皮膚，入定活過了七百年，卻總不如達摩隻履西歸。所以筆者寧可稱之為「偈頌」或「詩偈」；普濟《五燈會元》便說：「帝製三偈」。

後來的志磐《佛祖統紀》卷四十六也依照正受所述，惟「陳留縣」本是河南省開封市東南的縣名，志磐改為「陳留古樹中」，較不令人訝異為何想去河南。至於，時間則移至政和二年，以符合入定七百年的說法。然而慧皎《高僧傳》是說慧持「晉義熙八年（西元四一二年）卒於寺中，春秋七十有六」，既然慧持圓寂於龍淵寺，又如何入定樹穴？志磐無法解釋，只能說：「意者聖師神化，不可以生死之迹為之拘也。」

如果這位聖師確實是慧持，那麼他的歲數也足以和神話故事中的八百歲彭祖媲美了，但這不僅和唐宋人所著《念佛鏡》、《樂邦文類》、《龍舒淨土文》等宣揚淨土諸書，謂慧持已往生西方相違背，與《高僧傳》記蓮社十八賢，同修淨土，發願生西，慧持曾說過：「割欲求道，正以西方為期」相牴觸；況且禪僧都還記得遊峨嵋而入定，豈不知他人在四川，其兄慧遠在江西廬山？他已經不記時代，豈不知人的壽命有限，又怎會說出「遠無恙否」這般唐突的話？

基於上述理由，筆者認為入定僧與東晉慧持，應非同一人。

打脊

杖擊背部
是唐代以來常用的刑法，
所以戲劇小說
便用來代指該死、活該受罪。

友人寄來一篇介紹古代文化知識的文章，問我可以相信嗎？文中提問：「為何在公堂只打屁股，不打別的地方？」

解答是：唐太宗曾觀覽「明堂針灸圖」，知悉人體重要器官的穴位多在胸背，一旦針灸錯誤都會致命，何況遭受重擊，而屁股的重要穴位就少得多，所以規定只罰打犯人屁股，不許鞭打胸背，「從此在公堂上打屁股就傳了下來。」

《新唐書・刑法志》確實記載太宗詔令「罪人無得鞭背」，但並非從此只罰打臀部。《舊唐書・刑法志》有云：「決杖者，背、腿、臀分受。」也就是說杖刑分按罪刑擊打背、腿、臀三部位。太宗雖然下令不准鞭背，但「脊杖」自唐代以來即未歇止。

《舊唐書・張廷珪傳》記玄宗開元年間，張廷珪上奏不可廷杖御史，因為「士可殺，不可辱」，但究竟杖責哪裡，並未詳說；而〈裴耀卿傳〉就記開元二十四年，夷州刺史楊濬犯贓罪應處死，詔令杖六十，配流苗疆古州。裴耀卿上疏認為刺史、縣令如同百姓父母，一旦面對子民，「背脊加杖，屈挫拘執」，有違敬官長、勸風俗之意。由此可證「脊杖」確實存在。

至於《宋史・刑法志》也說宋太祖制訂刑法，有臀杖，亦有脊杖；《遼史・太宗本紀》也記大臣犯罪，欲寬宥則「以木劍背撻而釋之。」所以公堂之上不是只打屁股而已。

明代徐渭《南詞敘錄》解說曲中常用方言字義，云：「古人鞭背，故詈人曰『打脊』，唐之遺言也。」這好比南宋《張協狀元》戲文，旦唾打丑云：「打脊！不曉事底呆子，來傷觸人！」

明初施耐庵小說《水滸傳》第四回「小霸王醉入銷金帳，花和尚大鬧桃花村」，魯智深打走了二頭領，大頭領下山尋仇，高聲喝云：「那禿驢在哪裡？早早出來決個勝負！」魯智深也大怒回罵：「腌臢打脊潑才！叫你認得洒家！」

晚明馮夢龍《警世通言・三現身包龍圖斷冤》，嗜酒好賭的王興也再三斥罵妻子迎兒是

「打脊賤人！」

由以上諸例可見擊打背部是唐代以來常用的刑法，所以民間戲劇小說才會出現該死、活該受罪刑的「打脊」一詞。

至於唐代義淨譯《根本說一切有部毘奈耶》，在卷二十二記載隨佛出家的鄔波難陀仍帶有王族的驕慢習氣，時常惹事生非，引人議論。某次，鄔波難陀命織工織成上好的細棉布，拿回寺裡炫耀，比丘起鬨要他再取得第二張，鄔波難陀便再去城裡乞得棉線，要織工為他再織一塊，織工因上次已經沒拿酬勞幫他織了許久才完成，所以堅決不答應，鄔波難陀與他大吵一架，便去找大臣賢善幫忙。

賢善聽後說要供養他一張，或者請其他織工製作，鄔波難陀始終不肯，賢善便派使者到織工家，織工一見棉線就知是鄔波難陀找有力人士來逼迫他，更是不答應，使者奔波往返幾次都徒勞無功。鄔波難陀見使者辦不好，就痛罵使者愚癡，無法為賢善分憂解勞，還指導他說：

汝豈不能至織師所，作如是說：「賢善遣汝織斯白氎！」若言我不能者，以手綰髮，拳打脊梁。若叫喚者，卷其織具，勿令執作。若其婦女來唱喚時，急曳頭髮，牽使出門，而告之曰：「汝今違拒賢善教令，勝光大王必當罰汝五百金錢……。」

鄔波難陀教唆使者扯他頭髮，打他脊梁，再沒收他的織具，甚至拉織工夫婦去官府，讓官府處罰他們，真是可怕的惡勢力！「拳打脊梁」，是以拳頭痛毆背脊，與中國官府正式刑罰的「打脊」並不相干。

幾經時空環境遞變，再看到「打脊」這種詞彙隨著歷史演變，總讓人覺得新鮮有趣。

言談與寫作

雖然不善言談的人，
文字並不一定會動人；
但說話與寫作
實際
是兩門不同的藝術，
通才太難得了。

民初有名的編輯兼作家陳鍊青在《人間世》發表〈論讀書與談話〉，認為不善於談話藝術的人，文字不會動人。他舉清代許多樸學家文章令人昏然欲睡，認為無關乎題材枯燥與否，赫胥黎生物學的著作何嘗不枯燥，但讀來令人津津有味；晉人善清談，所以發言吐辭常有妙致；明中葉後的文人也善清談，所以雋永小品清新可喜，這都是平日有談話磨練的緣故。

陳氏之見，不無道理。慧皎《高僧傳》論及「宣唱法理，開導眾心」的「唱導」大師必須具備「聲、辯、才、博」本領：「非聲則無以警眾，非辯則無以適時，非才則言無可採，非博則語無依據。」從中可以看出世上登峰造極的絕藝，往往依賴多種因緣的促成；而專門領域若能彼此互通，更是相得益彰。

善於言談之人，必是思路敏捷者，其思如湧泉，自然運筆如風，正似《文心雕龍．鎔裁》云：「思贍者善敷」、「善敷者辭殊而義顯」，能以巧妙言辭多方闡發，將情理表達更清楚。

然而說話和寫作畢竟是兩門不同的藝術。說話若天生有一副「上帝親吻過的嗓子」，則吐納珠玉之音會更動人；寫作者不必有好嗓子，但要掌握文字音律之美，才能吸引讀者披文入情。

試觀歷史上韓非、司馬相如、揚雄都口吃，口語表達不流利，但他們的錦繡文章仍然傳世不朽；相較於出口成章之流，雖語彙組織力強，卻未必寫得出垂世之文，這也是《昭明文選》選錄篇章強調「能文為本」，因而捨去賢臣謀士妙言美辭之故。

西晉王衍是清談指標人物。《世說新語．文學》稱裴頠作〈崇有論〉，時人詰難他，都無法駁倒，裴頠乃是當代「言談之林藪」，但王衍依然能使他略屈下風。於是當時的人又以王衍的理念駁他，這時裴頠又能說得頭頭是道了：

> 裴成公作〈崇有論〉，時人攻難之，莫能折，唯王夷甫來，如小屈。時人即以王理難裴，理還復申。

王衍有如此無礙辯才，可惜並未以著述名家，藉由所寫篇章傳於後世。〈文學篇〉還提及樂廣「善於清言，而不長於手筆。」樂廣想辭去河南尹，請潘岳代寫奏表。潘岳說：「可以，但要先知道您的心意。」於是樂廣說了兩百多句話，潘岳綜合整理，便成為名篇，時人都說：「假使樂廣不借重潘岳的文采；潘岳不擷取樂廣的旨意，就沒有這麼出色的作品了。」這更證明說話和寫作是兩回事。

古來長於言談又擅於寫作者，「坐上客恆滿，樽中酒不空」的孔融是其中之一，孔融好清談，常抨議時政，又能詩善文，曹丕推崇他：「揚（揚雄）、班（班固）儔也」；只不過通才難得，我們無妨退求其次，唯有深切了解自我優缺點的人，才能替自己人生做最完美的定位。

高僧與名僧

高僧與名僧不必然衝突，高僧也可以是名僧。

梁朝慧皎對於同時代的寶唱撰著《名僧傳》頗不滿意，他於〈高僧傳序〉認為：「若實行潛光，則高而不名；若寡德適時，則名而不高。名而不高，本非所紀；高而不名，則備今錄。故省名音，代以高字。」虛名不過是迎合世俗而來，他要致力發潛德之幽光，表彰真正清高的修行人，所以將著作改稱《高僧傳》。志磐《佛祖統紀》卷三七、念常《佛祖歷代通載》卷九說：

> 會稽沙門惠（慧）皎以寶唱所撰《名僧傳》頗多浮汎，因著《高僧傳》十四卷。始漢永平十年，終于是歲（天監十八年），凡四百五十三載，二百五十有七

人，附見者二百餘人，開其德業，大略爲十例。

後來唐代道宣、宋代贊寧、明代如惺相繼撰成《續高僧傳》、《宋高僧傳》與《明高僧傳》，皆沿用「高僧」之名。陳垣《中國佛教史籍概論》從操守評騭前三部書，說：「慧皎著書，提倡高蹈，故特改『名僧』為『高僧』。道宣戒律精嚴，對沙門不拜王者一事，爭之甚力，皆僧人之具有節概者。」至於贊寧本為吳越僧統，入宋又賜紫衣，充僧錄，平素主張親近國王大臣，沾染「鄉愿媚世之習」，且《宋高僧傳》是奉宋太宗詔命之作，故陳垣認為無法與前兩書媲美。

事實上高僧和名僧未必衝突，因為高僧也可以是一代名僧。曹仕邦《中國佛教史學史》已注意到慧皎並非全然看重高蹈，而是看重對佛門的貢獻。試觀慧皎書中如果都是高蹈之流，那麼陪侍帝王，或與王侯交接的僧侶，如佛圖澄、道安、鳩摩羅什等著名僧人，為何納入傳記之中？道宣《續高僧傳》的僧稠、智顗、玄奘又何嘗不然？

所以不必因贊寧奉敕修史，就對他貶抑，更不能因贊寧說：「教法委在王臣」，便說他「不提倡高蹈，與慧皎異；又沾染五代時鄉愿習氣，以媚世為當，故持論與道宣又異。」何況《宋高僧傳》收錄像澄觀「身影不落俗家」的高僧也很多，從贊寧生平延伸而質疑其書「隨俗浮沉，與時俯仰」，並非公允。

然應商榷的是，既名為「高僧」，則尋常僧人或謗教毀法之徒就不該列入。《宋高僧傳》卷四〈唐新羅國順璟傳〉，順璟來華習得唯識學，返國弘揚法相宗，見《華嚴經》「始從發心，便成佛已」，即生毀謗，臨命終時，地裂而陷身地獄。贊寧竟然說菩薩為法亡身，順璟如佛陀時代的提婆達多，示跡生陷，「真顯教菩薩」！

如果高僧傳記不以當生德業為考量，那麼「眾生本來成佛」，又有哪位出家人不是「高僧」？「高僧」又豈須甄別？為「高僧」立傳也毫無意義了。

再如卷二十九〈元魏洛陽慧凝傳〉，這是取自北魏楊衒之《洛陽伽藍記》卷二記：「崇真寺比丘惠凝，死一七日還活，經閻羅王檢閱，以錯名放免……。」贊寧本應接續道宣《續高僧傳》，但慧（惠）凝已超出修史的年限仍然入傳。楊衒之記述這位猝死復活的僧人，贊寧都原文照錄，只增補「棲止洛邑而無異藝，正修練心戒耳」兩句，慧凝便成為戒德高僧而被收入「雜科聲德篇」。諸如此類，這才是《宋高僧傳》不可取之處。

至於《高僧傳》卷十〈竺法慧傳〉末附范材初為沙門，頗有神異，後卻退道染俗，改從五斗米教，這正如《續高僧傳》卷二十五也記載還俗且煽動北周武帝滅佛的衛元嵩一樣，嚴格說來，都是自亂體例，很不恰當。若是三部僧傳拋開高僧、名僧的分野，則畢竟記錄時代風會，確有保存佛教史事的功能。

一段口述歷史說分明

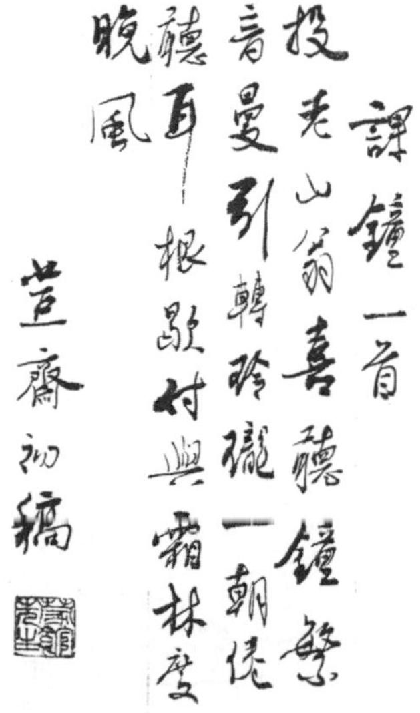
課鐘一首
投老山翁喜聽鐘聲
音曼引轉玲瓏一朝儂
聽耳根歇付與霜林度
晚風
莒齋初稿

先師不再到外雙溪
授課所作詩

一九九三年暑假，我到景美探望先師閔孝吉（西元一九〇八－一九九九年）教授，先師當時已八十六高齡。他遞給我一份手抄〈量守廬請業記〉，「量守廬」是黃季剛（西元一八八六－一九三五年）先生居所，名稱取自陶淵明〈詠貧士〉的「量力守故轍」。先師說他在一九三四年夏天，和好友黃席群到南京謁見先生，住先生家，先生分兩日講授國學四部，兩人勤加筆錄，〈請業記〉正是當年整理的聽講筆記。

先師來臺時，手稿已失，直至兩岸通郵，重獲故友音訊，〈請業記〉才失而復得，於是命我打字存檔，並

先師 閔孝吉教授

閔孝吉（1908～1999），曾任教於政大、文化、世新及東吳大學，並於東吳大學執教最久。晚年有《客鐘》詩一首：「投老山翁喜聽鐘，繁音曼引轉玲瓏。一朝倦聽耳根歇，付與霜林度晚風。」是一位對於教學非常傾心的教師。

允許刊登在《東吳中文系刊》，嘉惠學子。

蘇州大學王繼如教授於二〇〇一年十二月前來東吳參加學術會議，聽聞此事，便將文稿攜回，交由《南京師範大學文學院學報》刊載，因文稿分第一記、第二記，所以更名〈量守廬講學二記〉。

時隔多年，王教授已退休。二〇一〇年六月忽奉來函，說他準備在《文匯報》副刊〈筆會〉發表〈黃侃日記一則餘話〉（後刊登於二〇一一年一月二九日），原來他閱讀季剛先生日記，有了新發現，與先師口述略有不同。

一九三五年正月七日，季剛先生日記明確記載，素未謀面的兩位年輕人前來問學：

「晨，確杲介九江閔孝吉（古直層冰弟子）、黃席群（字濟生，遠庸之子）具贄來問業，與談，留飯而去。」

這兩位學子是金陵大學劉繼宣（確杲）教授引薦，他們依循古禮，首次拜師，還準備了見面禮。季剛先生和他們談話，並留他們用飯後才離開。日記在正月十二日又說：

「甫夕食，黃、閔二生來，問學甚久，閔生辭歸九江（此生頗敏，固可望成就）。」

當天晚飯的時候，兩人又來面謁，問學請益的時間很久，先師即將要返回江西老家，季剛先生稱讚他敏銳有才，未來可望有所成就。

日記寫得非常清楚，顯然〈請業記〉正是這兩天的講學筆記。先師口述這段歷史，因時間久遠，記憶稍有誤差，被王教授查出來了。

遠在西漢，司馬遷擔任史官之前，已預先為撰寫史書而周遊歷覽，訪詢遺老，他熟練運用田野調查彌補史料闕如，開創田野調查結合文獻資料的新史學。

這種方法後來也影響僧史家，慧皎《高僧傳》說他的撰著：「博諮古老，廣訪先達，校其有無，取其同異。」接續慧皎的道宣《續高僧傳》也道：「或博諮先達，或取訊行人，或即目舒之。」其後贊寧《宋高僧傳》亦云：「或問輶軒之使者，或詢耆舊之先民。」都有採用口訪當作第一手傳記素材。

直到二十世紀初，王國維提出紙上材料與出土文獻結合的二重證據法，接著又有將民間口傳和傳世文物當做第三、第四重證據的論點，仍一貫遠承司馬遷詳實周至的研究精神。

口述歷史是史家存真立信的重要依據；然而甄別取捨仍應回歸慧皎所強調：「校其有無，取其同異。」畢竟「人是健忘的動物」，「孤證不立」是考據學的重要準繩。

相逢頭白莫惆悵

頭髮是青春的表徵，
對駐景還春，
人們始終耿耿於懷，
然而「歲月」卻是公平的裁決者。

二〇〇八年全球金融海嘯，海嘯過後，歐美債務危機頻傳，眼尖的記者注意到剛過五十歲生日的美國總統歐巴馬（Barack Obama）白髮增生；在此之前，紐約時報（*The New York Times*）也報導他上任四十四天，髮色便明顯轉灰。

迅速白頭的故事真不少！在民間最被熟知的，莫過於武俠小說中的白髮魔女和伍子胥過昭關的一夜頭白；此外，《世說新語．巧藝》說到魏明帝命大書家韋誕登上二十五丈高的陵雲臺題字，因韋誕懼高，下梯即「頭鬢皓然」；《南齊書》與《北史》也記謝超宗、司馬子如下獄而一宿髮白；《尚書故實》

則說梁武帝命周興嗣將殷鐵石所搨王羲之的字，依韻編綴，周興嗣一夜編成〈千字文〉呈上，但頭髮也全白了。

頭髮是青春的表徵，更能襯托美女的風姿，《隨園詩話》有云：「美人自古如名將，不許人間見白頭。」《左傳》中有仍氏之女，鬒髮如雲，光可鑑人，名字就叫「玄妻」。《漢武故事》說武帝行幸平陽公主家，見歌者衛子夫髮美而悅之，遂納於宮中；《世說新語．賢媛》載桓溫伐蜀，娶李勢妹為妾，其妻南康公主聽聞，率眾前往問罪，正巧李氏在梳頭，髮垂委地，映襯如玉般的膚色，公主見了不禁抱著她說：「我見汝亦憐，何況老奴。」梳理烏黑長髮的動人模樣，〈虯髯客傳〉的紅拂，也教虯髯客目不轉睛，心儀不已：

張氏（紅拂）以髮長委地，立梳床前。公（李靖）方刷馬，忽有一人，中形，赤髯如虯，乘蹇驢而來。投革囊於爐前，取枕欹臥，看張梳頭。公怒甚，未決，猶親刷馬。張熟視其面，一手握髮，一手映身搖示公，令勿怒。急急梳頭畢。

然而「公道世間唯白髮，貴人頭上不曾饒。」歲月是公平的裁決者，因此潘岳三十二歲白髮臨頭便慨然寫了〈秋興賦〉：「悟時歲之遒盡兮，慨俛首而自省。斑鬢髟以承弁兮，素髮颯以垂領。」詩人詞客也不斷吟出「鬢髮各已蒼」、「曉鏡但愁雲鬢改」、「鏡中衰鬢已先斑」、「多情應笑我，早生華髮」等等名句。

能如唐僧清塞云：「相逢頭白莫惆悵，世上無人長少年。」這麼真率坦然，畢竟少見罕聞。王莽篡漢建立新朝，新莽末年，叛軍四起，為了鞏固政權，掩飾不安，他刻意「染其鬚髮」，宣示年輕，堪稱「染髮祖師爺」。

對於駐景還春，人們始終耿耿於懷，《酉陽雜俎》即說了一個故事：海州司馬韋敷遇見僧人希遁，希遁長於養生之術，他善用日辰，選擇適當時間，為韋敷鑷除白髮，韋敷終生髮色再也沒變白。

虛幻的想像，多少令人期待，只是鬢髮蒼蒼屬於生理自然現象，歐陽脩〈秋聲賦〉早說過：「渥然丹者為槁木，黟然黑者為星星。」新會變舊，舊會變壞，「所遇無故物，焉得不速老？」

所以佛陀辭親離宮，就知道頭髮只會帶來無謂的執著與煩惱，《過去現在因果經》說：「爾時太子，便以利劍，自剃鬚髮，即發願言：『今落鬚髮，願與一切，斷除煩惱，及以習障。』」佛陀也對誓願出家弟子說：「善來比丘！鬚髮自落，袈裟著身。」

出家圓頂成為佛教標誌，這與《孝經》說：「身體髮膚，受之父母，不敢毀傷，孝之始也」嚴重牴觸了！因此自佛教傳來中土，「沙門剃頭，何其違聖人之道，不合孝子之道」的攻擊從未衰歇，於是辯論、鬥法，甚至殘暴的滅佛，在歷史舞台頻仍展開。可見髮事至小，影響至大！

「毛髮紺綠」仙或鬼？

似乎餌松柏木實的仙人，
毛髮會變綠；
但頭髮烏黑有光澤
也可稱「綠」。
至於鬼，
則是赤髮。

唐人裴鉶《傳奇》有篇〈陶尹二君〉，敘述陶太白、尹子虛二老，採藥為業，一日，攜釀登峯，憩於大松林下，傾壺而飲，松梢忽有二人撫掌笑聲，自稱秦時役夫與宮人，因聞酒香，頗思一醉，但形體改易，毛髮怪異，恐或驚慄，未能便降，於是返穴易衣而至。二老稽顙請賜金丹大藥，秦役夫曰：「余本凡人，……因食木實，乃得凌虛，歲久日深，毛髮紺綠……。」於是給予二老萬歲松脂，千秋柏子，二老服之，亦「顏臉微紅，毛髮盡綠，言語而芳馨滿口，履步而塵埃去身。」又《傳奇》另一篇小說〈裴航〉，也說裴航「餌以絳雪瓊英之丹，體性清虛，毛髮紺綠，神化自在，超為上仙。」

若再翻閱《太平廣記・女仙類》，同樣有「毛髮紺綠」的記載，如卷六十三〈玉女〉云：「髮長六七尺，體生綠毛，面如白花」；卷六十五〈蕭氏乳母〉云：「肘腋間亦漸出綠毛，近尺餘，身稍能飛。」

身體遍生「綠毛」，委實駭人，難怪秦役夫說形體改易，毛髮怪異，怕嚇著人了。後來又看密宗白教當生成就祖師——《密勒日巴尊者傳》，提到尊者往護馬白崖窟苦修，並發大宏誓，不得殊勝證解，縱然餓死、凍死、病死也不下山，最後僅以野蕁麻果腹，身上只剩一副骨架，頭髮毛孔因吃蕁麻的緣故，變得綠茸茸，連路過的獵人都嚇得大叫是鬼。尊者如此苦行，再對照南宋陳田夫《南嶽總勝集》卷下云：

唐時有一僧，居于南嶽，見一物綠毛覆體，直至座前。僧曰：「貧道禪居，不撓生靈，神有知，無相惱也。」此物曰：「子知有晉宋乎？」僧曰：「自晉至唐，四百年矣。」其物曰：「子知有姚泓乎？」僧曰：「吾聞泓已死矣。」其物曰：「我即泓也。其時示之以死，脫身逃遁，遊行洞天福地，飢食柏葉，遍身生毛。」

後秦的末代君主姚泓國滅，是被解送至建康問斬而亡，所以上述故事為虛，但從文中「綠毛」、「遍身生毛」的敘述，筆者更有理由相信，餌松柏木實的仙人，毛髮都是「綠的。」

然而「紺綠」字面上是深青而微紅的意思，用於毛髮，本在形容又黑又亮，如李蕭遠〈西江月〉：「霧鬢新梳紺綠」。閱讀《十八家詩鈔》，才能體悟古人對於烏黑而有光澤的色彩也稱「綠」，綠髮正如青絲、綠雲、綠鬢，皆是人所艷羨青春不老的象徵，與密勒日巴尊者之流吃蕁麻、柏葉身體變綠，是截然不同的兩回事。如李白〈古風十九首〉之五云：「中有綠髮翁，披雪臥松雪。不笑亦不語，冥棲在巖穴。」杜牧〈杜秋娘詩〉云：「燕禖得皇子，壯髮綠緌緌。」蘇東坡〈追餞正輔表兄至博羅〉云：「我兄綠髮蔚如故，已了夢幻齊人間。」黃山谷〈贈張仲謀〉云：「朱顏綠髮深誤人，不似草木長青春。」〈答王道濟寺丞觀許道甯山水圖〉：「我持此圖二十年，眼見綠髮皆華顛。」凡此皆可證。至於韓愈〈城南聯句〉有「綠髮抽珉甃」，「綠髮」在此指細草，而不是「烏黑的頭髮長在如玉般的井壁上」，這是特例，否則就更駭人了。

文人秀士傷春悲秋，賦詩寄意之餘，對自己容顏老去，總有無可奈何的感慨，這種無奈的心情，發露於詩賦文章，古來不乏，如魏文帝曹丕〈與吳質書〉云：「已成老翁，但未白頭耳。」時僅三十餘歲；陸機〈歎逝賦〉云：「嗟人生之短期，孰常年之能執，時飄忽其不再，老晼晚其將及。……悲夫！川閱水已成川，水滔滔而日度；世閱人而為世，人冉冉而行暮。人何世而弗新，世何人之能故？」陸機的弟弟陸雲〈歲暮賦〉也云：「日月逝速，歲聿云暮，感萬物之既改，瞻天地而傷懷……。悲人生之有終兮，何天造而罔極？仰悲谷之方中兮，顧懸車而日昃。百年迅于分噓兮，千歲疾于一息。」皆同樣感慨生齡短促，衰朽易至。

又潘安仁〈秋興賦〉云：「余春秋三十有二，始見二毛」；黃山谷二十七歲作〈還家呈伯氏詩〉亦云：「四十驅迫少須臾，兩鬢飄零成老醜。」而《漢書．王莽傳》載，篡代漢室的王莽，擔心帝位不保，為了安定人心，更刻意染其鬚髮，稱得上是染髮鼻祖，髮之於人大矣哉！宜乎外死生無終始與造物者遊的神仙異人，在小說家筆下，多是毛髮紺綠，肌膚潤澤，迥別於常人臨老，「白頭搔更短」的窘態。

既然「毛髮紺綠」是仙人不老的象徵，那麼鬼的頭髮是否也有特色呢？按理說，人有千百種，死而為鬼，頭髮的黑白短長，應與生前無異，豈有特色可言？有趣的是南宋戲文《張協狀元》第十二出，王貧女（旦）罵小二哥（丑）「三分像人，七分像鬼」，丑說：「我像鬼？鬼頭髮須紅。」

又第十九出，王貧女賣頭髮與李太婆（淨），李太婆嫌顏色太黑，要帶些紅色才好，李太公（末）說：「你要粧鬼！」

可見當時戲劇搬演，鬼的頭髮是紅色。明代《水滸傳》中不僅有赤髮鬼劉唐；第十二回寫楊志被發配死囚牢，也說：「擡頭參青面使者，轉面見赤髮鬼王。」時至晚清，中國多受列強侵逼，西人深目高鼻，眉鬚為赤，因此人稱之「紅毛」，甚且謂之為「鬼」，是否受民間戲曲的影響？恐不無關聯。

荼毘

盡形壽，
獻生命。
死亡只是
這一期生命的句讀，
荼毘，
點燃
放下執著
的那一把炬火。

法鼓山創辦人聖嚴法師於二〇〇九年二月三日圓寂，二月十五日植葬在金山生命園區。弟子遵照他的遺言，不立碑塑像，也不建塔供奉舍利，而是將骨灰分五處葬於區內，回歸大地，滋養草木，體現法師畢生致力環保教育，用他最後的肉身，為社會大眾上了珍貴的一課。

「荼毘」是巴利語的音譯，意指焚燒，也就是火葬，是天竺固有的葬法。道誠《釋氏要覽》卷下「葬法」條有云：「天竺有四焉。一水葬，謂投之江河，以飼魚鱉。二火葬，謂積薪焚之。三土葬，謂埋岸傍，取速朽也。四林葬，謂露置寒林，飼諸禽獸。」

中國僧人圓寂之後，多半火葬，像虛雲老和尚臨終謂眾弟子：「將吾骨灰，輾成細末，以油糖麵粉，做成丸果，放之河中，以供水族結緣。」但門人不捨，火化後仍將靈骨舍利奉安江西雲居山海會塔中。

至於《高僧傳》載慧遠遺命露骸松下，弟子仍收葬之，潯陽太守阮保「於山西嶺鑿壙開隧」，也就是開鑿地宮，等於以帝王待遇優禮慧遠。而《續高僧傳》載玄奘初葬於白鹿原，與兄長捷法師相近，後改葬樊川，《宋高僧傳》記其弟子窺基「祔三藏奘師塋隴」，這是依宗族祖墳的葬法。《宋高僧傳》又載六祖惠能圓寂，「端形不散，如入禪定」，遺留下了全身舍利，這都是比較稀有的例子。

中國先秦時期已見火葬，《墨子・節葬下》說：「秦之西有儀渠之國者，其親戚死，聚柴薪而焚之。」但在慎終追遠的華夏民族看來，卻是莫大的罪過，極不人道的陋俗。有名的「田單復國」，就是田單計騙燕將騎劫，說齊人害怕祖墳被掘，屍骨遭焚，騎劫果然刨墓焚屍，因而激起齊人公憤，田單才以火牛陣大敗燕軍。

在理學盛行的時代，士大夫多認為火葬是大逆不道的夷法，禮義之邦只有用夏變夷，豈可背華向夷？無奈「先王之禮不行，人心放恣，被釋氏乘虛而入，而冠喪葬祭，皆被他將蠻夷法來奪了！」（車若水《腳氣集》之論）南宋洪邁《容齋續筆》卷十三〈民俗火葬〉便說：「自釋氏火化之說起，於是死而焚屍者，所在皆然。」

《宋史．禮志》亦載紹興二十七年范同上言：「方今火葬之慘，日益熾甚，事關風化，理宜禁止。」高宗從之；但施行困難，隔年戶部侍郎榮薿即奏：「貧下之家，送終之具，唯務從簡，是以從來率以火化為便，相習成風，勢難遽革。」火葬在南宋成為風俗人倫與經濟現實攻防的焦點，周煇《清波雜志》卷十二〈火葬〉有段感慨民情澆薄的文字：

> 浙右水鄉風俗：人死，雖富有力者，不辦蕞爾之土以安厝，亦致焚如。僧寺利有所得，鑿方尺之池，積涔蹄之水，以浸枯骨。男女骸骼，淆雜無辨，旋即塡塞不能容，深夜乃取出，畚貯散棄荒野外。人家不悟，逢節序仍裹飯設奠于池外，實爲酸楚，而官府初無禁約也。范忠宣公純仁帥太原，河東地狹，民惜地不葬其親。公俾僚屬收無主燼骨，別男女，異穴以葬。又檄諸郡仿此，不可以萬數計。仍自作記，凡數百言，曲折致意，規變薄俗，時元祐六年也。淳熙間，臣僚亦嘗建議：「柩寄僧寺歲久無主者，官爲掩瘞。」行之不力，今柩寄僧寺者固自若也。

周煇說范純仁對於無主枯骨也予以土葬，並對反對者加以規勸，而浙江東部即使有錢人家居然都用火化！甚至在他那時也有許多人家將棺柩長久寄放於僧寺，不予埋葬；俞文豹《吹劍錄外集》則說：「明道（程顥）宰晉城，申焚屍之禁，然今京城內外，物故者日以百計，若非火化，何所葬埋？」程顥雖明令反對火化，但死者太多，土地太少，要埋在哪裡？這又反映出庶民百姓的心聲。

如今臺灣地狹人稠，寸土寸金，死後遺體幾乎都用火化處理，古代傳統觀念認為的「陋習薄規」，已經普遍認同，不再受到批判；佛教思想結合環保經濟議題，莊嚴簡易的節葬觀念仍方興未艾。

真實與虛幻

知世如夢無所求，
無所求心普空寂。
還似夢中隨夢境，
成就河沙夢功德。

享譽宇內的「龍學」泰斗王師更生教授，於二〇一〇年七月廿九日往生佛國，王基倫教授撰寫〈堅毅自持的長者——追悼吾師王更生先生〉一文，提及兩年之前謁見老師，老師忽然說道：「世間事一切都是假的，『立言』也是假的。」老師傾盡一生心力，孜孜學術，著作等身，又怎會認為一切是假？

真與假、虛與實、空與有的二元對立，看似壁壘分明，但洞燭實相的智者卻能圓融處之。世間萬法緣生緣滅，究竟本空，卻無礙假有的存在，所以《心經》說：「色即是空，空即是色。」

古來許多文人了解箇中奧妙，運用各種權巧方便加以闡發。蘇軾〈代黃檗答子由頌〉提及弟弟蘇轍寫了一首詩偈質問黃檗長老怎會生病：

五蘊皆非四大空，身心河嶽盡圓融。
病根何處容他住，日夜還將藥石攻？

「人身地、水、火、風四大皆空，與山河大地一體圓融，病根何處得以容身？長老怎會染病？又怎須服藥呢？」東坡於是代長老回答：

有病宜須藥石攻，寒時火燭熱時風；
病根既是無容處，藥石還同四大空。

「生病服藥，就像冷時藉火取暖，熱時吹風納涼那麼理所當然；若空中無處容得病根，藥石何嘗不與四大一般空，又何須在意服不服藥？」蘇軾先談「緣起有」，再說「自性空」，娓娓道來，理事圓融，真空假有，不泥不滯。

蘇軾又曾浴於泗州雍熙塔下，戲作〈如夢令〉兩闋，同樣是談空說有：

水垢何曾相受，細看兩俱無有。
寄語揩背人，盡日勞君揮肘。
輕手，輕手，居士本來無垢。

自淨方能淨彼，我自汗流呀氣。

寄語澡浴人，且共肉身遊戲。

但洗，但洗，俯爲人間一切。

首闋先說水是水；垢是垢，但若從空性論，水實非水，垢亦非垢。由此觀之，東坡居士本來無垢。第二闋則說既有此身體，不妨遊戲一場，「俯為人間一切」，是從洗淨身體延伸到在人間做一番事業的偉大願望。這等境界，在王安石〈夢〉詩也道：

知世如夢無所求，無所求心普空寂。

還似夢中隨夢境，成就河沙夢功德。

了解一切有為法，如同夢幻泡影，內心便如如不動，不再執著馳逐。這是出世的達觀超然，若能以這般達觀超然在如夢的世間隨緣盡分，便可消解諸多紛擾，成就無量夢中功德。

即便一切是假，仍應認真以對。唯其打破真假、虛實、空有的對立，才具備「不以物喜，不以己悲」的高情緒智商，才不致消極頹唐，才能努力做好自己！

白地明光錦，裁為負版絝

佛經藉著
靈活、形象的譬喻
闡述義理，
《百喻經》又名《痴華鬘》，
這部經包裹著
針砭渡人的諷寓。

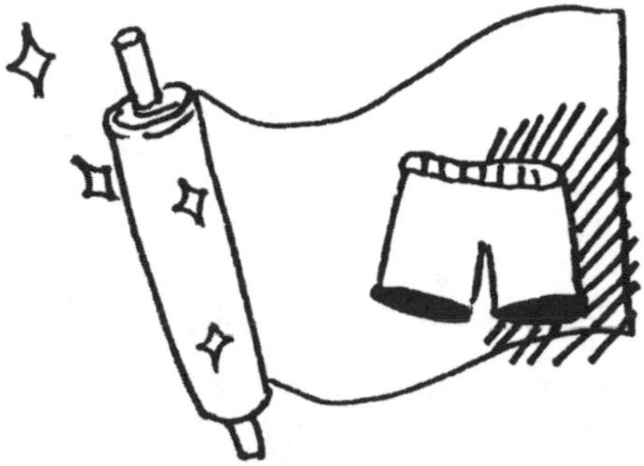

二〇一五年剛過完春節，行政院長在國發會舉行的「永續臺灣—國土空間發展特展」開幕典禮表示，行政院蒐集各方對使用空軍總部基地的意見後，決定「把選擇權留給下一代」，全區將現況保留，以活化古蹟方式，規劃成創新產業發展中心，讓珍貴的基地，成為臺灣在全球創新經濟地圖上的亮點。

此事已成為定案；而回歸至二〇一〇年十月，報載臺北市府預計在此處興建只租不賣的社會住宅，由於空總號稱是帝寶豪宅旁的「鑽石」，擅長打文宣戰的建商，對這塊面積逾七公頃的精華地深感惋惜，大呼：「上等西裝料，做成短褲賣！」

這條新聞不知是否經過記者生花妙筆的潤飾，透過如此傳神的譬喻，讓人讀來印象深刻，「西裝料做短褲」，恰如其分地將好東西被糟蹋的遺憾生動托出。

類似這麼富有創意的說法，在古代已經看到文學家拿來形容寫作了。劉勰《文心雕龍．鎔裁》說過：「美錦製衣，脩短有度。」美麗的錦緞製作衣物，長短仍要合於法度才好看，比喻文章鎔意裁辭極為重要。

《世說新語．文學》亦有一則故事，原出自晉末郭澄之《郭子》一書，內容是東晉文學家孫綽批評當代文人曹毗：

孫興公道：「曹輔佐才如白地明光錦，裁爲負版絝，非無文采，酷無裁製。」

曹毗，字輔佐，是魏大司馬曹休曾孫，好讀書，能為文，《晉書．文苑傳》稱他是「中興之時秀」，也就是晉元帝南渡之後的文壇佼佼者了，孫綽卻尖銳指出他才情卓特，猶如白底有花紋的高貴錦緞，可惜不懂得剪裁，錦緞居然做成了幹粗活的人所穿的褲子！鮮明意象讓人拍案叫絕，此和「取西裝料做短褲」同出一徹。

亞里斯多德《詩學》說：「比喻是天才的標幟。」佛經當然也不例外，三藏十二部常藉著靈活、形象的譬喻來闡述義理。僅以廣為人知的《百喻經》而言，此經又名《痴華鬘》，其中就有許多針砭愚痴行為的譬喻使人絕倒。例如：有人辛苦入海取沉水香木，因為價格高昂，在市場販售乏人問津。他看到賣炭的很快把貨賣完，就乾脆將整車香木燒成炭，結果賣得的錢還抵不上半車木炭。

「昔有長者子，入海取沈水，積有年載，方得一車，持來歸家，詣市賣之，以其貴故，卒無買者。經歷多日，不能得售，心生疲厭，以為苦惱，見人賣炭，時得速售，便生念言：不如燒之作炭，可得速售。即燒為炭，詣市賣之，不得半車炭之價直。」（〈入海取沉水喻〉）

又有人見別家牆壁非常平整光滑，得知是用碎稻殼泡水發酵，再拌泥塗牆，他便自作主張，用稻穀塗壁，希望更加白淨，卻未料黏不牢，連牆壁都裂了：「昔有一人，往至他舍，見他屋舍牆壁塗治，其地平正，清淨甚好。便問之言：用何和塗，得如是好？主人答言：用稻穀麩水浸令熟，和泥塗壁，故得如是。愚人即便而作念言：若純以稻麩，不如合稻而用作之，壁可白淨，泥治平好。便用稻穀和泥，用塗其壁，望得平正，反更高下，壁都坼裂。」（〈見他人塗舍喻〉）

還有個小偷偷了富人家的綾羅綢緞，卻拿來當包袱巾，盛裝自己的破衣物：「昔有賊人入富家舍，偷得錦繡，即持用裹故弊氀毼種種財物，為智人所笑。」（〈賊偷錦繡用裹氀毼喻〉）

以上三個故事分別比喻了求速、求好、求利益，結果反而糟蹋珍貴難得的好東西，和「白地明光錦，裁為負版絝」異曲同工，看似無稽，卻深刻觸及人性心理的盲點，莞爾之餘，也令人深思不已。

護夫奇女子

力量、口才、勇氣、
操守、賢淑、智慧……，
都足以幫助丈夫渡過難關。

二〇一一年七月十九日，英國媒體大亨梅鐸（Rupert Murdoch）因竊聽案至英國國會作證，卻遭人以刮鬍膏襲擊，他的大陸籍妻子鄧文迪在少女時期曾受過嚴格排球訓練，見狀立刻挺身以一記扣殺反擊救夫，影像傳遍全球，引發輿論熱烈回響。為了顧守家園，古今中外許多女性真是「為母則強」啊！

中國歷史上以護夫而傳為美談的事例不少，《韓詩外傳》卷八記載齊景公命人新造一把弓，他引弓而射，連一片木板都穿不透，氣得要殺製弓者，製弓人的妻子緊急求見景公，解釋弓箭是用上等材料製造，絕無問題，但射箭必須掌握訣竅才能得心應手。景公得到她的指導，立時射穿七塊木板，製弓人也馬上獲得釋放。

這故事另見於劉向《列女傳》卷六，齊景公變成了晉平公，而製弓人之妻不僅是射箭教練，似乎還變成歷史學家了，她引經據典侃侃而談，甚至勇敢說出：「您不懂射箭，反而要殺我丈夫，不是很荒謬嗎？」平公聽了不但沒怪罪，還重賞其夫，君子因此評論說：「這製弓人之妻才是可共患難的啊！」這顯然是相當具有社教意義的編寫了。

再看《漢書・外戚傳》敘及漢元帝帶嬪妃到虎圈觀看鬥獸，不料一頭巨熊破檻而出，席中馮婕妤乃是名將馮奉世長女，當眾嬪妃驚恐四散時，她居然臨危不亂，上前張臂保護元帝，最後巨熊被衛士格殺。元帝問：「人情驚懼，何故前當熊？」

婕妤回答：「猛獸得人而止，妾恐熊至御坐，故以身當之。」馮婕妤便以這種犧牲精神，垂名青史，令人倍加敬重。

南朝劉義慶《世說新語・賢媛》共三十二條故事，記錄二十四位才識出眾的婦女，其中有三條述及許允妻子阮氏。阮氏相貌醜陋，許允與她交拜成親，見第一次面就奪門而出，不願再進去，家人為此憂心不已。這時正好有客人來，阮氏叫婢女去看客人是誰？婢女回報說桓範來了。阮氏篤定的說：「不用擔心了，一定會勸他回來。」

果然桓範勸許允說：「阮家嫁醜女給你，必有用意，你應仔細觀察呀！」許允只好回房，但阮氏太醜，他一刻都無法忍受，立即又往外走。阮氏知道他這次出去，就不會再回來，於是拉住他衣服下擺，不讓他走。

許允強作鎮靜說：「女子應具備婦德、婦言、婦容、婦功四德，你到底有幾樣？」阮氏說：「我所缺的只是容貌，而知書達禮的人應具備百行，您又有幾種？」許允說：「皆備。」阮氏說：「百行以德居首，您好色不好德，何謂皆備？」許允頓時面有慚色，從此對她敬重有加。

阮氏又如何護夫？《世說新語》說許允在當吏部侍郎期間，起用許多同鄉，致使魏明帝派衛士拘捕他。臨去的時候，阮氏囑咐許允：「明主可以理奪，難以情求。」也就是該據理力爭，不能用哀求的方式。到了朝廷，明帝親自審問，許允回答：「我只是『舉爾所知』，我用的同鄉，都是我瞭解的人。請陛下去查這些人稱職否？如不然，我甘願領罪。」後來調查，這些同鄉都官得其人，於是釋放許允。許允當時衣服破了，明帝還賜他新衣。當初許允被捕，全家都嚇得號哭，只有阮氏神態自若說：「勿憂，他不久就回來。」還下廚煮粥等他。果不其然，許允真的回來了。阮氏是以智慧保護許允的安全。

明代徐禎卿所著稗官野史《翦勝野聞》，也傳神記載明太祖朱元璋賢德的馬皇后：

太祖嘗於上元夜觀燈，京師人好爲隱語，書於燈，使人相猜。畫一婦懷瓜，深觸忌犯。

帝就視，因喻其旨，甚銜之。明日，令軍士大僇居民，空其室。蓋太后祖貫淮西，故云。

文中說太祖曾於上元夜觀燈，京師人製作燈謎，畫一婦人懷中抱一顆西瓜，太祖乍見，萬分銜恨，隔日，令軍士誅滅該地居民。原來馬皇后祖籍淮西，所以燈謎畫她懷抱西瓜；但真正讓朱元璋感到羞辱而大開殺戒的，應該和《翦勝野聞》另一則故事合併來看：「太祖嘗為偽漢陳友諒所追，太后負之而逃，太子私繪成圖軸。」

太子私下畫了一幅馬皇后背著朱元璋逃避追兵的圖。馬皇后背著朱元璋逃跑，靠的是堅忍性格和一雙未裹腳的天足，所以畫中婦人除了懷瓜，必定還露出一雙大腳，才導致朱元璋含恨開殺戒。

馬皇后

馬皇后的護夫，《明史．后妃傳》有非常動人的敘述：

> 初，后從帝軍中，值歲大歉，帝又爲郭氏所疑，嘗乏食。后竊炊餅，懷以進，肉爲焦。居常貯糗糒脯脩供帝，無所乏絕，而己不宿飽。及貴，帝比之「蕪蔞豆粥」、「滹沱麥飯」，每對群臣述后賢，同於唐長孫皇后。退以語后。后曰：「妾聞夫婦相保易，君臣相

> 保難。陛下不忘妾同貧賤，願無忘群臣同艱難。且妾何敢比長孫皇后也。」

馬皇后崩於洪武十五年（西元一三八二年）八月，年五十一。帝為之慟哭，遂不再立后。臨葬之日，風雨雷電交加，太祖不樂，召僧宗泐曰：「太后將就葬，爾其宣偈焉。」宗泐立即應聲曰：「雨落天垂淚，雷鳴地舉哀。西方諸佛子，同送馬如來。」宣偈不久，雨霽天晴，靈車方能啟行。

馬皇后愛民如子，不時勸諫朱元璋別濫殺無辜，曾說：「定天下不以殺人為本。」朱元璋雖然贊同，還是殺人如麻，《翦勝野聞》甚至記朱元璋命人載一整車的屍體到仁柔的太子面前，想要激勵他：

> 太祖以太子天性仁柔不振，一日，竊令人載屍骨滿輿當其前激發之，太子不勝慘蹙，合掌稱之曰：「善哉！善哉！」

太子完全不像朱元璋那麼殘暴，應該是得到馬皇后的身教和遺傳。《明史．后妃傳》史臣於傳末褒揚馬皇后：「備歷艱難，贊成大業，母儀天下，慈德昭彰。」所以宗泐稱她「馬如來」，雖是應太祖之命所宣詩偈，卻也如實說明她是行化人間的活佛。難。且妾何敢比長孫皇后也。」

為一部佛書興建的「清州古印刷博物館」

《白雲和尚抄錄佛祖直指心體要節》為目前世界上最古老的金屬活字本，名列於世界遺產中。

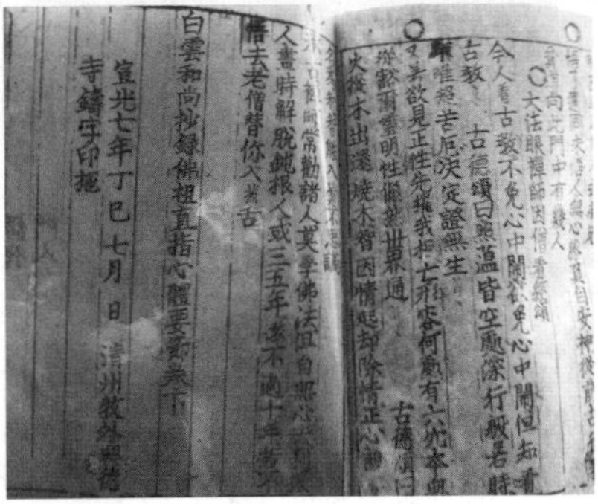

博物館銅版活字影本。

葉德輝《書林清話》卷八說：「活字板印書之製，吾竊疑始於五代。『晉天福銅板本』載宋岳珂《九經三傳沿革例》，此銅版殆即銅活字版之名稱，而孫從添《藏書紀要》云：『宋刻有銅字刻本、活字本。』分銅字、活字為二，惜岳氏未及注明，不得詳其製也。」

葉氏從南宋岳珂書中所說「銅板本」，懷疑活字印刷術在五代已產生，這比起多數人知道北宋畢昇發明膠泥活字，還要來得早。

北宋沈括《夢溪筆談》卷十八提到畢昇用黏土刻成一個一個各自獨立的字，薄得像銅錢一樣，再用火燒硬成形，就可以拿來排字印刷：

博物館內展品的陳列與外牆。

> 慶曆中（西元一〇四一—一〇四八年），有布衣畢昇，又爲活板。其法用膠泥刻字，薄如錢脣，每字爲一印，火燒令堅。先設一鐵板，其上以松脂、蠟和紙灰之類冒之。欲印則以一鐵範置鐵板上，乃密布字印。滿鐵範爲一板，持就火煬之，藥稍鎔，則以一平板按其面，則字平如砥。若止印三、二本，未爲簡易；若印數十百千本，則極爲神速。常作二鐵板，一板印刷，一板已自布字，此印者才畢，則第二板已具。更互用之，瞬息可就。每一字皆有數印，如「之」、「也」等字，每字有二十餘印，以備一板內有重複者……。

可惜那時的印刷品並未留下來，目前所見最早的泥活字印本，是一九六五年在浙江溫州白象塔出土的《佛說觀無量壽佛經》殘頁，大約已晚於慶曆五十餘年。至於金屬銅活字本，則是僅存下卷的《白雲和尚抄錄佛祖直指心體

博物館內僧俗的塑像。

要節》（以下簡稱《直指》，《直指》木刻本上下兩卷，迄今仍完好保存），這是韓國高麗王朝時期的佛書，內容節摘中國禪僧語錄，卷末有「宣光七年（西元一三七七）丁巳七月日清州牧外興德寺鑄字印施」字樣，李氏朝鮮王朝末期，法國駐漢城（即今首爾）第一任代理公使葛林德（Collin de plancy）將之攜回本國，後藏於法國國立圖書館，一九七二年展出時才為國際所知。

這部世界最早的金屬活字本，在二〇〇一年獲得聯合國教科文組織指定為「世界紀錄遺產」，韓國為了這部流落異域的語錄，特別在清州興德寺遺址建造「古印刷博物館」。

興德寺遺址的發現，是一九八四年底，清州雲泉洞一帶新住宅區開發時，挖掘出磚瓦等古文物，於是改由清州大學博物館員進行文物勘察，從一具殘破銅鼓及佛鉢上刻有「興德寺」，而斷定是印施《直指》的佛寺遺址。

韓國對古文物極為重視，新落成的博物館採開放式大門免門票進入館區，大門是以挖掘出寺院屋脊上的鴟尾造型來設計，在其左前方也重建興德寺金堂，館旁並有直指橋與直指路以資紀念。

博物館內除了介紹古代印刷術的流變，還試圖復原興德寺場景，塑造許多正在鑄字印刷的僧俗二眾。導覽義工是一位退休教師，他說塑像原本按了按鈕，就會有動作。

我比較懷疑的地方是遺址出土文物並未發現銅活字，而且寺院乃是修行的道場，是否可能全部變成鑄字印經的工廠？雖然《直指》卷末說「興德寺鑄字印施」，但由興德寺出資請廠家製作，其實也算寺院鑄字印施。

二〇一一年十月底，我到韓國忠北大學開會，因此有機緣乘便參觀。當時是先飛抵仁川國際機場，再耗兩個多小時的車程才到清州，不過從十二月二十日起，清州機場正式有直航臺灣的班機，往返已經非常便利。

應作如是觀

人生最旖旎的美夢，
一旦用理性的手術刀解剖它，
美夢便碎了。

一位知名作家說過：「沒有一種幸福的背後，不站著一個曾經咬緊牙根的堅定靈魂。」

海誓山盟的愛情，容易在現實環境壓力下質變崩壞嗎？《金剛經》何以說：「一切有為法，如夢幻泡影，如露亦如電，應作如是觀。」

朋友傳給我一篇署名蒂蒂寫的妙文〈壞掉了嗎？〉很可愛，很好玩，很甜蜜……，嗯，或許也很無聊，但卻似乎是情侶玩不膩的遊戲。節摘如下：

我：I love you。

你：#!@$%^%……！

我：ㄟ～壞掉了嗎？（捏捏耳

朵，戳戳手臂） I love you。

你：我愛妳。不要再捏我了啦。

我：我以爲你壞掉了ㄇㄟ，像裝電池的玩具，沒電的時候不是也要拿起來晃一晃，然後就會好啦。

你：可是我不是玩具 ＞＜

我：可是我抱著你的時候，就覺得你很像那個娃娃，只要按一按按鈕你就會說I love you。如果你沒有說，那我會緊張你是不是壞掉了。

你：I love you...I love you...。多講一次囉，明天如果我沒講就不能捏我。

早晨總要替你按掉鬧鐘，然後喚你起床換衣服，準備上班。

我：I love u ～baby～

你：好愛睏哦。

我：（捏捏你的手） ㄟ，你又壞掉了嗎？

你：沒有壞啦，剛醒電力不足。I love u too ...。

我：乖～來抱抱。

…………

情話永遠不嫌多。故事裏的主人翁沉浸在愛與被愛的幸福喜樂中，很值得旁人為他們祝福，分享他們彼此的歡愉，生活中確實存在許多微不足道的小確幸；但萬一有這麼一天，現實環境發生了變化，依然感覺身邊有著幸福光波圍繞的人，又會有多少？

＊＊＊

他告訴我，他剛認識一位女友。我有些驚訝，說：「不會吧？應該是好多年了啊？我還以為你們早結婚了。」

他有些尷尬，苦笑說他和前女友吹了。談起這段情，他眼眸中流露的理智，還透出些許慨然：「這就是班對的困擾啊！都分手一年多了，每次遇到認識的人，仍會舊事重提，問個老半天。」

我說：「一年多，不就是你讀博一的時候？都博士班了，會有問題嗎？」

他略帶愁窘說：「主要是交往愈久，愈發現認知有差距……。她很沒安全感，常需要人陪……。」

我說：「一定是她要求你履行婚約囉。你和她同班，年紀差不多，女孩的青春本來就很短暫，何況你長那麼帥，又考上博士班，她當然沒安全感，非要你給她保證不可。」

他說：「年輕時候貪玩，還不怎麼感覺，後來她研究所畢業了，我還延畢，要趕寫論文，又要準備博士班考試，那陣子常常吵，碰到這檔事真不知該怎麼辦，傷腦筋！再說我都還沒當兵，如果是你，你作何感想？」

我？作何感想？我笑笑說：「可能和你想的不一樣……。」

我不是他，當然跟他想的不一樣。許個諾言有那麼難嗎？除非愛情開了N次根號，被狂風吹去。所以如換成是我，我會無限溫柔的說：「不論怎麼忙，不論面臨再大的挑戰，我都會隨時攬著你的腰，輕輕貼在你耳邊，說千萬個『愛你，愛你……。』」

＊＊＊

為了翻找資料，無意間竟讀到年輕時寫的文章，到底是誰寄給我蒂蒂的妙文？這對同班的男女主角又是誰？文字依舊在，讀了讓人發笑，但千百個日子倏忽而逝，曾經發生的往事如船過水無痕，我自己都忘記在什麼情況下寫了如此溫柔多情的文章！

人的感知力很靈敏，不論眼睛看、耳朵聽、鼻子嗅、舌頭嚐、身體接觸、心意體會都一樣，當接收外在給予訊息的刺激，便立即有所因應，甚至予以強化反饋，然而事過境遷，卻如夢、如幻、如泡、如影、如露、如電，去不復回。

有人告訴我一個故事：師弟打坐用功，師兄只管睡覺，卻知道師弟壓到了螞蟻。這故事應該從唐代道宣律師與善無畏的傳記演化而來。道宣是律宗之祖，著作等身，連遠從天竺而來的善無畏大士都久仰他的名聲，請求到西明寺暫住。道宣是持律謹嚴的宗師，但道宣用綿紙將身上虱子包住，然後丟到地上時，善無畏大士卻能感知虱子摔到地上的痛苦呻吟。贊寧《宋高僧傳》卷十四〈道宣傳〉如此記載：

> 宣之持律，聲振竺乾，宣之編修，美流天下，是故無畏三藏到東夏朝謁，帝問：「自遠而來，得無勞乎！欲於何方休息？」三藏奏曰：「在天竺時，常聞西明寺宣律師秉持第一，願往依止焉。」敕允之。宣持禁堅牢，捫蝨以綿紙裹投於地。三藏曰：「撲有情於地之聲也。」

本故事有虛構的地方，前面於〈訛傳的史實〉已有辨析；不過聲音的覺受力確實非常強大，《楞嚴經》云：「此方真教體，清淨在音聞。欲取三摩提，實以聞中入。」宋代臨濟宗黃龍派惠洪《智證傳》，也提到清稟禪師打坐入定，忽聽到拖木頭的喧鬧聲，禪師便要侍者去跟他們說，別損壞了樓板的階梯。不料那麼吵的聲響，竟是蟻群搬動蜻蜓翅膀上階梯所發出來的：

> 洞山清稟禪師唯宴坐，一日呼侍者下法堂，謂曳木者無損階砌。侍者出視無有，還白寂無人跡。稟又使求之，侍者臨簷俯視，乃群蟻曳蜻蜓翼緣階而上。蓋靜極妙而靈知也。

佛家認為能聽見極細微的聲音，是靜極靈妙的感通，但是在一般世俗，可能覺得他有病。《世說新語．紕漏》說殷仲堪父親得了虛悸之症，把螞蟻行走當成牛在打鬥。這般趣聞，連晉孝武帝都聽說了，於是某一天問殷仲堪，是否有位姓殷的得了這種病？殷仲堪實在非常窘迫為難，哭道：「我說也不是，不說也不是啊！」

殷仲堪父病虛悸，聞床下蟻動，謂是牛鬥。孝武不知是殷公，問仲堪：「有一般病如此不？」仲堪流涕而起曰：「臣進退維谷。」

事實上，在未進入甚深三昧的初階段，修行者的感官確實會特別靈敏，所以對外界刺激會有放大強化的反應，《大唐西域記》卷九正記載一位名叫鬱頭藍子的外道，因修定受到飛禽水族的干擾而發下惡願，導致隨業流轉：

鬱頭藍子步自王宮，至彼法林，宴坐入定，心馳外境。棲林則鳥鳥嚶囀，臨池乃魚鱉諠聲，情散心亂，失神廢定。乃生忿恚，即發惡願：「願我當來爲暴惡獸，狸身鳥翼，搏食生類。身廣三千里，兩翅各廣千五百里。投林噉諸羽族，入流食彼水生。」發願既已，忿心漸息，勤求頃之，復得本定。不久命終，生第一有天，壽八萬劫。如來記之，天壽畢已，當果昔願，得此弊身。從是流轉惡道，未期出離。

而回到感情世界，杜甫名詩〈擣衣〉寫閨中婦人為戍邊的丈夫打理寒衣，「擣衣」指衣服裁製前，先將衣料置石砧上舂擣，使之柔軟。杜詩句末云：「用盡閨中力，君聽空外音。」這簡直和李商隱〈無題〉：「身無彩鳳雙飛翼，心有靈犀一點通」一模一樣，顯然感情世界裏的覺知力也特別強啊！

《楞嚴經》說閻浮提眾生在六道輪迴生滅，不得解脫，其中一項因素便是情愛纏縛：「汝愛我心，我憐汝色，以是因緣，經百千劫，常在纏縛。」當然，知識造就人類文明的躍升；知識也偏執的誤導人類行某些錯誤的罪惡。如果有人認為佛經如此說法是一種偏執，或許自我的主觀正是一種偏執。佛法薰修要義認為情愛如同世間一切有為法，像夢幻泡影般，是一種虛妄，這種虛妄，修行人放得下，便能解脫，不過一般人畢竟捨不得放下！

愛情是人生最旖旎的美夢，而一旦用理性的手術刀解剖它，美夢便碎了。

應作如是觀。

附錄

古代貴族的「BMW」

——且談牛車風光史

牛車自漢末身價暴漲

兒時在鄉間最常見的景觀，不外乎面目黧黑的農人，吆喝著老牛，辛勤的在田裏耕作，或是夕陽餘暉之中，步履蹣跚的牛兒，正拖著柴車，緩緩踏上歸途。印象裏，牛是淳樸農村最得力的幫手；而有趣的是，《三國志·吳書·魯肅傳》言及孫權知悉曹操即將揮鞭東指，與群將商議，眾皆以為無法力敵，勸其迎降，唯獨魯肅諫阻孫權，魯肅私下對孫權說，如果是他自己降曹，曹操會送他返鄉，評定名位，還不失當個基層小官，然後逐漸升遷做到州牧郡守，而孫權降曹，本來整個江東都是他的版圖了，又將歸於何處，該如何安身呢？

向察眾人之議，專欲誤將軍，不足與圖大事。今肅可迎操耳，如將軍，不可也。何以言之？今肅迎操，操當以肅還付鄉黨，品其名位，猶不失下曹從事，乘犢車，從吏卒，交游士林，累官故不失州郡也。將軍迎操，欲安所歸？願早定大計，莫用眾人之議也。

其中說官員駕著牛車，還能自鳴得意，不免教人驚訝！因此盧弼集解特別引胡三省《資治通鑑注》說：「《晉（書．輿服）志》云：犢車，牛車也。古之貴者不乘牛車，漢武帝推恩之末，諸侯寡弱，貧者至乘牛車。其後稍貴之，自靈、獻以來，天子至士，遂為常乘。」

古代貴族原本不乘牛車，自從漢武帝行推恩政策，「眾建諸侯而少其力」，諸侯地位大不如前，貧窮的甚至坐牛車，牛車因此逐漸受到認同，因此從靈帝、獻帝以來，遂為天子士大夫的常乘。

胡三省追溯了牛車自漢末身價暴漲的緣由；但在《中國文明史話．車的衍變》中，顯然忽略了這項主因，僅說：「漢代乘馬車的人為保持儀容起見，得講究一套姿勢，故有所謂『坐車之容』、『立車之容』等等規定，乘坐起來不太隨便，因而到了東漢末期，富貴之家轉而喜乘牛車，牛車較慢，走起來安穩些，而且車身高大嚴密，可以障帷設几，任意坐臥，所以從十六國時起，大墓中的出行圖或出行俑群，都以牛車為主體……。」

其實關於牛車風靡的情況，明朝王世貞也注意到了，《弇州四部稿》卷一五七特別記下貴族們的快牛，證明千挑萬選的牛，行速未必緩慢；牛車的好處，也不只舒適安穩而已：

> 漢天子不能鈞駟，而諸侯貧者或乘牛車。鈞駟，淳駟也，然則天子亦四馬矣。曹公以騎爭伐，故重牛車，迨晉世而益貴，至有瑩蹄角，稱「八百里駁」，又日行七百里（案：《晉書・荀晞傳》稱荀道將的牛是「千里牛」），如王君夫、荀道將者。江左而後，又有當世快牛，陳世子「青」、王三郎「烏」、呂文顯「折角」、江瞿曇「白鼻」。

王氏首先提到漢初天下既定的情形，可見於《史記・平準書》和《漢書・食貨志》。漢高祖御駕只有四匹馬，而且找不出毛色一致的駿馬，這固然和翠華高軒、六馬彭彭的秦皇乘輿迥然有別，與《詩經・魯頌・駉》讚美魯侯牧馬之盛，有十六種不同毛色的良駒服役，更不能道里計；而帝王如此，尋常百姓更不可能有好坐騎，《史記・遊俠列傳》記「趨人之急，甚己之私」的朱家，騎的正是一條小牛。直到武帝初年，由於家給戶足，情況頓然改觀，百姓騎乘母馬都會被看輕，甚至拒絕他參加聚會，《漢書・食貨志》就說：「眾庶街巷有馬，仟佰（阡陌）之間成群，乘牸牝者，擯而不得會聚。」人皆以雄馬代步，當然不時興騎牛或坐牛車了。

後來武帝厲行「推恩政策」，致使諸侯財力匱乏，《史記・平準書》說諸侯因無法負擔過多助祭貢金，得罪而喪失侯爵者百餘人。貴族的逐漸沒落，卻使得騎牛、乘牛車的風氣再度轉盛，《後漢書・光武本紀》即說到劉秀初起義時，「騎牛，殺新野尉乃得馬。」尋常的牛，確實不及馬的快捷，所以劉秀要換馬騎乘；但根據《後漢書・劉寬傳》云：

（寬）父崎，順帝時爲司徒。寬嘗行，有人失牛者，乃就寬車中認之。寬無所言，下駕步歸。

劉寬父親在順帝時代已經擔任司徒。某次，劉寬駕牛車行於道中，有人掉了牛，便指認劉寬的牛是他的，劉寬也不與他爭辯，馬上下車步行而回。史傳記載高官子弟乘牛，正意味東漢桓帝之前，牛車地位已受肯定。

王導駕快牛救妾

到了曹魏時期，貴族既可騎馬，也可駕牛車，所以《全三國文》卷十五有曹植的〈獻馬表〉和〈上牛表〉，但《三國志．魏書．朱建平傳》又說魏文帝曹丕將乘馬，馬惡聞衣香，驚齧文帝膝，這也難怪偏尚柔美的六朝公卿大夫，願改以牛為常乘。此外魏晉名士常服食寒石散，這讓他們居家生活也產生很大變化，例如服食之後身體會發熱，皮膚禁也不起摩擦，所以他們喜歡穿寬袍大袖的衣服；寬袍大袖又不便於馬上馳騁，所以喜歡乘坐高廣舒適的牛車。

且看《晉書．輿服志》，御駕及王公車制以牛者，便有畫輪車、雲母車、皁輪車、油幢車、通幰車、御衣車、御書車、御軺車、御藥車、五牛旗車等等；又〈愍懷太子傳〉也說太子遹廢為庶人，「再拜受詔，步出承華門，乘粗犢車」，與妃王氏及三子同幽于金墉城；《資治通鑑》卷八十五也記成都王司馬穎奉惠帝御犢車，南奔洛陽（《晉書．惠帝本紀》僅略言：「穎與帝單車走洛陽」）；又《世說新語．汰侈》除了記王君夫牛名「八百里駮」外，又記彭城王蓄快牛，「至愛惜之」，還有石崇、王愷（即王君夫）乘牛爭入洛陽城事。至於懼內的王導，快牛救妾的趣事，李贄《初潭集》卷一〈妒婦篇〉敘述得比《晉書》還精采：

王丞相曹夫人性甚忌，禁制王公，使不能堪，乃密營別館，眾妾羅列，兒女成行。後元會日，夫人於青瑣臺望見諸兒騎羊，皆端正可念。夫人遙見，甚憐愛之。語婢出問是誰家兒。給使不達旨，答曰：「是第四五等諸郎。」曹氏聞之，驚愕大恚，命車將黃門及婢二十人，人持食刀，自出尋討。王公亦遽命駕，飛轡出門，猶患牛遲，乃以左手攀車闌，右手捉麈尾，以柄助御者打牛，狼狽奔馳，劣得先至……。

王導瞞著妬妻曹氏另築愛巢，後來在元旦節日，曹氏登上青瑣臺，見數兒騎羊，知是第四、第五位妾生的小孩，驚怒交加之餘，親率二十名僕婢執棒持刀去興師問罪。王導聽人傳報，飛快前往，牛車一路奔馳，王導仍嫌太慢，乃以左手攀車欄，右手捉麈尾，以柄助車伕打牛，狼狽至極，終於比曹氏早到一步。

這場家庭風波後來廣為流傳，朝中大臣蔡謨故意消遣王導說：「朝廷準備以九錫之禮賞賜您啊！」王導不察，只是客氣謙謝，蔡謨又接著說：「沒聽說有別的東西，就只有短轅牛車和長柄麈尾。」這下王導氣得吹鬍子瞪眼睛，大罵：「當年我與群賢共游洛中，都還沒聽說有蔡克兒呢！」蔡謨是蔡克之子，王導直接叫蔡克的名字，意味自己地位崇高，蔡謨身為後生小輩，戲弄尊長，也太不知禮數了。

南朝貴族飆牛

南朝時期，貴族牛車皆是千挑百選，特別能跑。《南史．劉穆之傳》記穆之孫劉瑀與何偃隨同宋孝武帝郊祀，「時偃乘車在前，瑀策駟居後，相去數十步，瑀躡馬及之，謂偃曰：『君轡何疾？』偃曰：『牛駿馭精，所以疾耳。』」特選的牛，加上馭牛技術精湛，速度一點也不比馬慢。因此《藝文類聚》卷九四收錄多篇當時歌詠快牛的詩文，如臧道顏〈駃牛賦〉曰：「貴遊踊躍於絕倫，觀者嗤妍其好醜。遂慕駿駃以相高，精彼奇選之希有。儀體既美，特資高足。名參飛兔，價齊驥騄。」再看《南齊書．陳顯達傳》云：

（顯達）家既豪富，諸子與王敬則諸兒，竝精車牛、麗服飾，當世快牛稱陳世子「青」、王三郎「烏」、呂文顯「折角」、江瞿曇「白鼻」。

陳顯達家財豪富，幾個孩子和王敬則家的子弟，整天打扮得漂漂亮亮，駕著窮奢極侈的牛車到處飆，這些快牛都各有名號，不同凡響。〈高祖十二王傳〉也說：「（武陵昭王曄）累不得志，冬節問訊，諸王皆出，曄獨後來，上已還便殿，聞曄至，引見問之。曄稱牛羸，不能取路，上敕車府給副御牛一頭。」武陵昭王蕭曄母親早死，同父異母的齊武帝即位之後，蕭曄屢不得志，冬節請安只有他姍姍來遲，原來是牛弱不能趕路，武帝問明原因後，便賜給他副御牛一頭。

牛車變成王公貴冑的標誌，這種風氣從漢末以來相沿成習，在梁朝甚至騎馬還會被彈劾，看見馬匹嘶鳴跳躍，還竟以為是猛虎！《顏氏家訓．涉務》就說：「梁世士大夫，皆尚褒衣博帶，大冠高履，出則車輿，入則扶侍，郊郭之內，無乘馬者。周弘正為宣城王所愛，給一果下馬（案：此馬高三尺，乘之，可行於果樹下，是以名之。）常服御之，舉朝以為放達。至乃尚書郎乘馬，則糾劾之……。建康令王復，性既儒雅，未嘗乘騎，見馬嘶噴陸梁，莫不震懾，乃謂人曰：『正是虎，何故名為馬乎？』其風俗至此！」短短幾句話，已將士大夫安養逾分，怯懦軟弱的情況彰顯無疑。

南朝極盛一時的駕牛之風，在隋代仍然可見。《舊唐書．輿服志》記唐中宗景龍二年（七〇八）七月，皇太子將親自於國學行釋奠之禮（即祭孔），有司起草禮儀，令從臣皆乘馬、著衣冠。太子左庶子劉子玄（即劉知幾）認為「褒衣博帶，革履高冠，本非馬上所施，自是車中之服」，也就是不該把騎馬與乘車的穿著混淆，因此進議曰：

古者自大夫已上皆乘車，而以馬爲騑服。魏、晉已降，迄于隋代，朝士又駕牛車，歷代經史，具有其事。

古代駕車的馬，在兩旁的稱為「騑」（又稱「驂」），在裏面的兩匹稱為「服」。此處劉子玄特別指出士大夫在魏晉之前都乘馬車，從魏晉到隋則流行牛車。然因隋文帝楊堅統一南北朝，他本身是北方陝西華陰人，北朝樂府〈折楊柳歌辭〉有云：「健兒須快馬，快馬須健兒。跳跋黃塵下，然後別雄雌。」頗能感受北方策馬奔馳，剛健豪邁的風俗，所以南朝士大夫的流行文化，不免隨著天下統一而有所轉變，隋朝士大夫乘牛車的習尚已開始轉衰。

《隋書．牛弘傳》說：「弘榮寵當世，而車服卑儉……。有弟曰弼，好酒而酗，嘗因醉，射殺弘駕車牛。弘來還宅，其妻迎謂之曰：『叔射殺牛矣。』弘聞之，無所怪問，直答云：『作脯。』」牛弘的車牛被弟弟射殺，牛弘僅說：「作肉乾吧！」而我們從文中的「車服卑儉」，可以想像當時牛車雖仍被士大夫所用，卻未必是獨領風騷最尊貴的交通工具了。

唐代士大夫不以牛車代步

至於唐代，一般而言，有身分地位或有官職的人騎馬；貧窮的人才騎驢。所以杜甫〈贈韋左丞丈二十二韻〉說：「騎驢十三載，旅食京華春。朝扣富兒門，暮隨肥馬塵。」但在懿宗咸通末年稍有變革，《唐摭言》卷十三云：「咸通末，執政病舉人僕馬太盛，奏請進士、舉人許乘驢。」而騎乘的禮儀，也與前代不同，南宋趙彥衛《雲麓漫鈔》卷四說漢宣帝時，韋玄成以列侯身分隨祭孝惠皇帝廟，因一早天雨泥淖，故不駕駟馬車而騎至廟下。結果遭有司劾奏，多人皆因此被削爵；然「自唐以迄本朝，卻以乘馬朝服為禮，如入朝及謁廟，先乘車至門外，換馬入宮門……。以此言之，古以乘車為禮，騎為不恭；今人以騎為禮，乘車為不恭。」至於牛車，則成為婦女的專利，士大夫是不乘坐的，所以《開元天寶遺事．顛飲》，特別記載某些進士風流放蕩，做出驚世駭俗的舉動，其中和妓女同乘牛車也算在內：

> 長安進士鄭愚、劉參、郭保衡、王俊、張道隱等十數輩，不拘禮節，旁若無人，每春時選妖妓三五人，乘小犢車，指名園曲沼，藉草裸形，去其巾帽，叫笑喧呼，自謂之「顛飲」。

婦女以牛車代步，在唐人小說中屢屢可見，如〈柳氏傳〉敘述柳氏失身於蕃將沙吒利，後乘犢車，竟於龍首岡，再與韓翊巧遇。但像《太平廣記》卷六十二〈崔書生〉則云：「忽有一女，自西乘馬而來」；卷二四二〈蕭穎士〉記穎士於傍晚遇一女子騎驢；卷四五二〈任氏傳〉也說到任氏乘馬。再看《舊唐書．后妃．楊妃傳》述及玄宗凡有遊幸，貴妃無不隨侍，乘馬則高力士執轡授鞭。每年十月，玄宗幸華清宮，楊氏姊妹昆仲五家扈從，《明皇雜錄》卷下還記楊氏姊妹互別苗頭，競飾車服：

上（玄宗）將幸華清宮，貴妃姐妹競車服，爲一犢車，飾以金翠，間以珠玉，一車之費，不下數十萬貫，既而重甚，牛不能引，因復上聞，請各乘馬，以黃金爲銜韉，組繡爲障泥，共會於國忠宅，將同入禁中。炳炳照灼，觀者如堵……。

天寶十年正月十五，楊家五宅夜遊，與廣平公主馬隊爭過西市門。楊氏奴僕揮鞭及公主衣，公主墮馬，駙馬程昌裔趕緊攙扶公主，也挨了好幾皮鞭。楊家氣焰薰天，可見一斑。

楊妃姊姊虢國夫人是出名的美女，虢國夫人騎馬入宮，也是詩人筆下的好題材，唐人張祜〈集靈臺〉便說：「虢國夫人承主恩，平明騎馬入宮門。却嫌脂粉污顏色，淡掃蛾眉朝至尊。」蘇軾〈虢國夫人夜遊圖〉也說：「佳人自鞚玉花驄，翩如驚燕蹋飛龍。金鞭爭道寶釵落，何人先入明光宮……。」

由上皆可見唐代婦女除乘坐牛車外，也能控馬騎驢，且情形非常普遍，其原因正是由於李唐王室原是北朝胡化的漢人，所以在皇家風氣帶動下，社會普遍受北朝胡風影響。北朝不論男女，一向具有尚武精神，如〈李波小妹歌〉云：「李波小妹字雍容，褰裙逐馬似卷蓬，左射右射必疊雙；婦女尚如此，男子安可逢？」唐人便繼承這種傳統，即使是婦女也顯然比南朝士大夫「威猛」許多。

到了宋代以後，婦女受禮教束縛日深，社會地位也有明顯下降的趨勢。當時婦女除裹足之外，出門還得戴「蓋頭」（又稱面衣、面帽，即以方幅紫羅，障蔽半身。）這都嚴格限制了婦女行動自由，而在禮儀與肢體的雙重摧殘下，要讓婦女縱馬揚鞭，已不可能，所以女性出遊，也僅能以牛車代步了。在陸遊《老學庵筆記》卷一、卷二都說到宋代不論京師或外郡，婦女皆以牛車為常乘；孟元老《東京孟華錄》卷四更指出當時婦女不分貴賤，通乘牛車，唯獨皇太后、皇后、新娘例外：

皇太后、皇后出乘者謂之「輿」，比檐子（按即肩輿、轎子）稍增廣，花樣皆龍……。士庶家與貴家婚嫁，亦乘檐子，只無脊上銅鳳花朵，左右兩軍，自有假賃所在，以至從人衫帽衣服從物俱可賃，不須借措。餘命婦王宮士庶，通乘坐車子，如檐子樣製，亦可容六人，前後有小勾欄，底下軸貫兩挾朱輪，前出長轅約七八尺，獨牛駕之，亦可假賃。

皇太后、皇后所乘為「輿」，比起一般轎子還寬廣，梁脊上都有龍鳳雕飾；新娘出嫁所乘花轎、儀隊、隨從服裝則都可以租得到。至於婦女通乘的牛車，車廂形式類似轎子，可容六人，前後圍以欄杆，底下軸貫兩輪，前有車轅讓牛拉行。至於皇太子納妃，太子妃則不乘轎，而坐馬車，情形較特殊：「妃乘厭翟車，車上設紫色團蓋，四柱帷幕，四垂大帶，四馬駕之。」

牛車既為婦女常乘，所以男性皆不乘坐，《宋史．輿服志》說：「百官常朝皆乘馬。」又說：「神宗優待宗室老疾不能騎者，出入聽肩輿……。（高宗）中興後，人臣無乘車之制，從祀則以馬，常朝則以轎……。」因此在魏晉南朝時代，詩文詠頌駕牛能致遠馳驅，至今已成絕響！而從牛車的盛衰演變中，確實也讓我們了解到各個朝代的經濟、政治、文化等現象。如今在都市叢林中，大概只有在祭孔大典才看得到牛的蹤影，我們大概也忘了對這曾經叱吒一時的貴族坐騎，多投以崇敬的眼光。

雲岡曇曜五窟的造像

北魏佛教的開啟

佛法傳來中國，一是經由陸路，從西域來到中國，如《高僧傳．攝摩騰傳》云：「（攝摩騰）冒涉流沙，至乎雒邑，（漢）明帝甚加賞接，於城西門外立精舍以處之，漢地有沙門之始也。」另一是經由海路，從越南傳來，如《高僧傳．康僧會傳》云：「其父因商賈移於交趾。會年十餘歲，二親並終，至孝服畢出家。……乃杖錫東遊，以吳赤烏十年，初達建業，營立茅茨，設像行道。」

北魏鮮卑拓跋部是興起於大興安嶺的游牧民族，西元三八六年，拓跋珪在盛樂（今內蒙自治區和林格爾縣北）重建代國，至天興元年（西元三九八年），定國號為魏，隨即遷都平城

（今山西大同市），正式開啟北魏佛教時代，其疆域位在中國北方，因此佛法是由陸路輸入。《魏書．釋老志》說：「太祖平中山，經略燕趙，所逕郡國佛寺，見諸沙門、道士，皆致精敬，禁軍旅無有所犯。」天興元年並下詔曰：

> 夫佛法之興，其來遠矣。濟益之功，冥及存沒，神蹤遺軌，信可依憑。其敕有司，于京城建飾容範，修整宮舍，令信向之徒，有所居止。

因此法琳《辯正論．十代奉佛篇》推崇他：「以雄傑之深姿，包大君之雅量，克平朔野，奄有中州，大啟龍光，潛被日用。」

北朝佛教的興盛，與五胡十六國的君主竭誠信仰相關。《高僧傳．道安傳》記載得到前秦苻堅敬重的道安法師謂徒眾：「不依國主，則法事難立。」這是在動盪時代，宗教必須依傍國家威權的總評；道安的師父佛圖澄也是弘化一方的高僧，《高僧傳．佛圖澄傳》記載他調伏暴虐濫殺的石勒、石虎叔姪能稍稍收斂，後趙因佛圖澄而佛法大行，當時出家者眾，石虎故命中書省提議，中書著作郎王度、中書令王波皆以為「華戎制異，人神流別」，奏請不准百姓出家及到寺燒香禮拜，說：「佛出西域，外國之神，功不施民，非天子諸華所應祠奉。」此華夷之論反而讓身為羯族的石虎自省並非漢人，於是下書曰：

> 朕生自邊壤，忝當期運，君臨諸夏。至於饗祀，應兼從本俗。佛是戎神，正所應奉。夫

制由上行，永世作則。苟事無虧，何拘前代？其夷趙百蠻，有捨其淫祀，樂事佛者，悉聽為道。

這正是政治與信仰交互牽纏的顯例。繼石氏後趙而起，有氐族建立的前秦、羌族建立的後秦、鮮卑建立的西秦、匈奴建立的北涼諸國，其君主全都虔誠奉佛，並以國家力量襄贊譯經事業，今在隋唐經錄尚屢屢可見《前秦錄》、《後秦錄》、《西秦錄》、《北涼錄》等。

佛教文化的輸入，興造寺塔、傳譯三藏、捨施說法，固然跟胡主認為可以祈求福報有關，而透過胡漢信仰的一致，當然也有助於調和華夷之風，北魏道武帝正是在軍伍征伐中，受到潛移默化，選擇信仰佛教。

道武帝禮請戒行精嚴的趙郡沙門法果到京師擔任道人統，法果常說皇帝明叡好道，是當今如來，沙門應盡禮致拜，並謂人曰：「能鴻道者人主也，我非拜天子，乃是禮佛耳。」這是將道安強調的「不依國主，則法事難立」更推進一步，使王權與宗教緊密結合，產生「皇帝即如來」的政治宗教觀。

曇曜開窟緣由

然而到了太武帝信用崔浩為相，久聽崔浩毀佛，而在踐位第廿一年，即太平真君五年（西

雲岡第十七窟

雲岡第十六窟

元四四四年）正月戊申頒布詔令，宣告佛法虛誕不實、僧徒怪力亂神，與王政淳德大相違背，必須痛下決心加以整頓。

此時佛教也捲入胡漢對立與政治理念鬥爭中，太子拓跋晃是護持佛法的代表，他讓滅佛行動延緩了兩年：「（七年）三月，詔諸州坑沙門，毀諸佛像。」但父子兩人矛盾日深，宦官宗愛又進讒言，致使後來太子被殺，隔年（西元四五二年）太武帝也遭宗愛所弒。（案：此事《南齊書．魏虜傳》稱：「佛狸感惡疾，自是敬畏佛教，立塔寺浮圖。」佛教典籍也盛傳太武因滅佛而感癘；但《魏書．宗愛傳》載：「（宗愛構告其罪，）恭宗遂以憂薨。是後，世祖追悼恭宗，愛懼誅，遂謀逆。」而〈天象志〉也記：「（正平元年）六月，帝納宗愛之言，皇太子以強死。明年二

雲岡第十八窟

雲岡第十九窟

月，愛殺帝于永安宮。」）

在毀佛七年之後，拓跋晃之子文成帝繼立，下詔恢復佛教崇高地位。文成帝重用的高僧曇曜，原本在北涼就知名於世，《高僧傳·玄高傳》有附帶提到他「以禪業見稱」，因太武帝於太延五年（西元四三九年）滅北涼，《魏書·本紀》說：「收其城內戶口二十餘萬」、「徙涼州民三萬餘家于京師」；《魏書·釋老志》也說：「涼州平，徙其國人於京邑，沙門佛事皆俱東，象教彌增矣。」曇曜因此來到平城，並獲得太子知禮。

復佛之後，曇曜踵繼法果「皇帝即如來」理念，建議文成帝在武周塞（即武州山，或作武周山）開鑿五窟大佛，以象徵五帝，期使佛法永世長存，這便是著名的雲岡「曇曜五窟」，北魏佛教開窟造像工藝，實際是由北涼和西域引入。

石窟開鑿年代

清代朱彝尊〈雲岡石佛記〉有云：「雲岡之寺有十，建自拓跋氏，今之存者，特其一耳！石佛大者高七十餘尺，小至徑尺，斬山為窟數十，鑿佛數千軀，架以飛閣，凡客大同者，必游於是。」

雲岡第二十窟

十寺在明代編修《山西通志》卷五就有記載，稱始建於神瑞（明元帝年號），終於正光（孝明帝年號），「凡七帝，歷百十有一年。其寺一同升；二靈光；三鎮國；四護國；五崇福；六童子；七能仁；八華嚴；九天宮；十兜率。」而在此之前，金人曹衍〈大金西京武州山重修大石窟寺碑〉已有類似說法，只是十寺名稱稍不同而已。

然而究竟是從曇曜請鑿石窟開始，還是明元帝神瑞年間開始？清代湯貽汾《琴隱園詩集》卷十二〈石窟寺并記〉便疑惑「二說互異」；陳垣於一九一八年遊訪雲岡，寫下〈記大同武州山石窟寺〉，認為始建於神瑞之世無確鑿證據，仍應依《魏書・釋老志》所言，是曇曜請復佛的文成帝開鑿。陳垣說：

曇曜之赴京，在復法之明年，即興安二年，西曆四百五十三年也。是時佛法初復，圖像大興，西域畫像，接踵而至，魏之先世，本有鑿石爲廟之風（見《魏書・禮志》），佛教又重偶像，故能致此奇偉。

周一良〈雲岡石佛小記〉的說法比較彈性：

曇曜在興安二年見帝後即開窟，抑爲沙門統之後始建斯議不可曉。要之，石窟之始開也，在興安二年（西元四五三年）至和平元年（西元四六〇年）之八年間。

日本學者吉村怜《天人誕生圖研究・論曇曜五窟——曇曜五窟營造順序》指出雲岡開窟年代，興安二年說，有閻文儒、辛長青、陸屹峰、貝海瑞等學者支持；和平初年說，是自常盤大定、關野貞以來的說法，吉村怜也認同此說。根據《魏書・釋老志》的原文：

和平初，師賢卒，曇曜代之，更名沙門統。初，曇曜以復佛法之明年，自中山被命赴京，值帝出，見於路，御馬前銜曜衣，時以爲馬識善人。帝後奉以師禮。曇曜白帝，于京城西武州塞，鑿山石壁，開窟五所，鐫建佛像各一，高者七十尺，次六十尺，雕飾奇偉，冠於一世。曇曜奏：平齊戶及諸民，有能歲輸穀六十斛入僧曹者，即爲「僧祇戶」，粟為「僧祇粟」，至於儉歲，賑給饑民……。

《魏書・釋老志》敘述文成帝復佛，是依年號先後，由興安元年下詔，而興光、太安、和平逐次說明。本段因為從「初，曇曜以復佛法之明年」插入倒敘，導致學者對開窟年代意見紛歧；惟若以文中先用「曇曜白帝」，後用「曇曜奏」，則似乎「奏」為和平初年擔任沙門統之後上奏，「白帝」是興安二年奉命赴京，帝以師禮待之，但尚未擔任僧官的用語。所以筆者贊同於興安二年後，和平元年之前即展開鑿山工作。

石佛寺已是後人所修，原先稱石窟寺。

現今曇曜五窟的命名

陳垣感慨酈道元《水經注》稱賞「山堂水殿，煙寺相望」，道宣《續高僧傳》誇許「櫛比相連，三十餘里」，但到清順治八年重修，「建築不得法，故光線不足。像有剝蝕，敷以土堊，盡失原形。金碧輝煌，徒取炫目，泯絕

白佛爺洞解說牌

世界遺產標誌

古意。……其實寺東西諸窟，有窟無寺櫛比數里者，皆為石窟寺，後人修其一寺，名曰石佛，陋也。其未經修飾諸窟，雖甚剝落，然遠望縹緲，容態轉真，窟別異形，無有複製。」石窟歷史何等輝煌！古蹟文物保護失當，反而對它造成禍害。

周一良〈雲岡石佛小記〉說現今山西大同縣西北三十里，與左雲縣相接，以武周山為石窟，名曰「雲岡」，是始於明清之交，但「其各個石窟之名稱，則來自調查者或以己意命名，或依土人傳說，殊無準則。」

雲岡石窟於二〇〇一年十二月，聯合國教科文組織世界遺產委員會通過列入「世界遺產名錄」，又做了一番整修，但洞窟前設置解說鐵板，標記各窟名稱，仍然沿用日本學者關野貞或小野玄妙的命名，「曇曜五窟」，也就是第十六至二十窟，取名立佛洞、彌勒三尊洞、立三佛洞、寶生佛洞、白佛爺洞。

按〈釋老志〉既說：「開窟五所，鐫建佛像各一」，證明五窟實際只一主尊，十七至二十等四窟雖雕有脇侍，但脇侍的尺寸皆不如主尊那麼雄偉高大，所以不應合稱「三尊」、「三佛」，或所謂「三世佛」。至於第二十窟，小野玄妙原本稱「白佛耶洞」，「白佛耶」並非佛教經藏記載的佛名，解說牌將之改為「白佛爺洞」，亦甚無稽。

曇曜五窟帝王象徵

關於「曇曜五窟」的帝王象徵，說法相當紛歧。王建舜《雲岡石窟藝術審美論》先在〈生命——精神天域的重建〉該節，稱根據宿白說法，第十六至二十窟本尊，依次是北魏道武帝拓跋珪、明元帝拓跋嗣、太武帝拓跋燾、景穆帝拓跋晃、文成帝拓跋濬。但他在〈佛像服裝的審美特徵〉又認為第十七窟身著菩薩裝的交腳彌勒，「一般學者認為即是沒有即位而先已去逝的景穆帝拓跋晃。」明顯前後矛盾。

實際上宿白〈雲岡石窟分期試論〉的說法與王建舜相反，宿白說：

> 如以當時在平城五級大寺爲自太祖以下五帝各鑄一佛像爲準，來考慮從西二十、十九、十八這一組石窟起，順序分配自太祖以下五帝，這處在東頭第二窟當中主像是交腳彌勒的

十七窟，應相當於沒有即位就死去了的景穆帝；最東的主像是十六窟中單一的釋迦像，它應相當於當時在位的文成帝。

這與楊耀坤《中國魏晉南北朝宗教史》、谷敏《雲岡石窟》、胡文和〈雲岡石窟題材內容和造型風格的源流探索——以佛傳本生因緣故事為例〉等學者說法一致，簡言之，十六至二十窟大佛對應文成帝、景穆帝、太武帝、明元帝、道武帝。

至於吉村怜《天人誕生圖研究．論曇曜五窟——曇曜五窟營造順序》、杭侃〈雲岡第二十窟西壁坍塌的時間與曇曜五窟最初的布局設計〉都認為，五窟排列可能按照昭穆制度設計，第十九窟最為高大，十八、二十窟其次，十七、十六窟最小，可知是以十九窟為中心，象徵開國皇帝拓跋珪；不過吉村怜認定第十八窟是太武帝，第二十窟是明元帝，已經違反左昭右穆的原則，而杭侃則說第十六窟文成帝按昭穆排列，應在第二十窟之西，現今移至最東邊，是因為西邊坍塌嚴重，不得已的改變。

西邊固然嚴重坍塌遺跡可見，但仔細尋思，昭穆是周代以來的宗法制度，若洞窟依此制度，則天子七廟，就應開鑿七窟，而且神主安放並無自大而小的規範，又現今石窟丈量高度十六至二十窟分別是13.5、15.6、15.5、16.8、13.7公尺（王建舜《雲岡石窟藝術審美論》說法是15.2、15.6、16、17.5、14.4），並不符合其所謂自大而小的設計；再說未登基的太子按理也不能入祖廟，故若認同第十七窟象徵拓拔晃、十八窟象徵拓拔燾，則昭穆制度實不能成立。

吉村怜在此之前，另與吉村ちさ子合著《中國美術の旅・曇曜五窟》，說法與此不同：

第十六洞本尊釋迦佛像，五世高宗文成帝；

第十七洞本尊彌勒菩薩像，三世世祖太武帝；

第十八洞本尊盧舍那佛像，一世太祖道武帝；

第十九洞本尊佛坐像，二世太宗明元帝；

第二十洞本尊佛坐像，四世恭宗景穆帝。

由此可看出吉村怜說法前後有改變。

另外趙一德〈雲岡曇曜五窟的帝王象徵〉認定十六至二十窟的帝王分別是神元帝拓跋力微、道武帝、太武帝、文成帝、孝文帝拓跋宏（元宏），這並不是從開國算起的五世相續帝王，恐怕值得商榷。由於曇曜稟白文成帝開鑿佛窟，即便文成帝生前仍未完工，但大佛與帝王的對應設計必早已確立；何況文成帝崩殂，是獻文帝拓跋弘繼位，造像若略過他而造下一即位的孝文帝，實難說服人。再說第十七窟交腳坐像是南北朝盛行的彌勒菩薩像，彌勒菩薩是在釋迦牟尼佛之後才成佛的「未來佛」，這用在文成帝生父，護教的太子拓跋晃，因與滅佛的父親拓跋燾反目遇害，故文成帝替自己父親，而曇曜為知己造像，以「未來佛」交腳彌勒的姿態呈現非常合理，交腳而坐不意味「江山初建，無暇安坐」，此窟不該對應道武帝。第十八窟立佛，右小臂已斷，多數學者都認為象徵拓跋燾，這是從其身披特殊造型千佛袈裟，並以左手撫胸的姿勢來判斷。袈裟鐫刻無數趺坐小佛，不僅從藝術造型來看是華麗的裝飾，也象徵《華嚴經．世間淨眼品》所言：「如來神力遍十方，十方諸佛皆悉現。」「一切十方諸佛土，入佛一毛猶不滿。」而由於太武滅佛毀寺，殺人無數，所以也表徵放下仇恨，同圓種智，如《法華經．化城喻品》所謂：「我等與眾生，皆共成佛道。」

另外左手撫胸則暗喻捫心自問滅佛當否？因為以佛教手印來看，並無此種手印。試觀第十六窟右手當胸，掌心向外作施無畏印，左手下垂作與願印；第十七窟雙手崩壞，無法論定；第十九窟右手作施無畏印，左手置膝，掌心向上但殘缺，掌中似有一條羂索，或意味可截斷眾生諸苦（按：石像被認為是寶生佛，與此也有關係，唐代般若共牟尼室利譯《守護國界主陀羅尼經》卷二云：「金剛結跏端身正坐，左手如前執衣兩角，右手仰掌名滿願印，此即寶生如來之印。」惟其右手手印不符合）；第二十窟雙手雖缺損，仍可辨知是禪定印，唯獨第十八窟的手勢罕見稀有，這用來對應一位非比尋常的滅佛君主，堪稱別具意義。

所以排除認定第十八窟是明元帝、排除昭穆制度設計的可能、排除帝王斷代不相續等說法，還是以宿白諸學者的帝王序列可令人接受。

第十九窟洞門、明窗及耳洞，西邊耳洞坍毀，主尊向後縮。

第十八窟明窗採光佳

曇曜五窟開鑿先後

關於石窟開鑿先後，似乎可從窟前明窗大小來論定。第十八、十九、二十窟的主尊服裝造型，都是偏袒右肩的「右袒袈裟」，三窟開鑿算是一體，任平山〈雲岡第十九窟明窗——再論曇曜五窟〉認為最初在不夠堅硬的砂岩斬山開鑿，沒完整經驗可借鑑，所以第二十窟前壁坍塌成為露天大佛；十九窟也不得不向內退縮，再重新開鑿穹窿頂的主尊，明窗也和後來的十六、十七窟一樣形製變小，以避免再次大崩坍；但王建舜《雲岡石窟藝術審美論》說法與此相反：

> 第十六窟應該是曇曜五窟最早開鑿的洞窟和最先雕造的佛像。它是按照拓跋鮮卑人中的標準形體所雕刻的追思遠祖的

第十六窟（上圖）洞門與明窗與第十七窟（右圖）洞門與明窗。

人格紀念像。因而在人體造型和服裝制式等方面，它所流露的現實生活的情愫濃郁，而宗教的程式和戒律淡薄。第十八窟、十九窟、二十窟三尊佛理特徵明顯又風格一致的本尊佛像，完全有可能是工匠們「人主」的特徵雕造完第十六窟和第十七窟的佛像後，才恰逢獅子國的僧人奉持三尊佛像樣板來到平城，便依此樣式雕造完全符合造像量度和佛陀聖格特徵的這三尊本尊佛像。

前文已說過十六窟、十七窟分別代表文成帝與景穆帝，所以這並非鮮卑遠祖，《魏書．釋老志》說曇曜白帝「開窟五所，鐫建佛像各一」，其目的原不在追思遠祖，而是為使佛法永存，而且胡僧到魏也不是從獅子國邪奢遺多、浮陀難提等五人開始，曇曜之前的道人統師賢便是罽賓國人；又北涼被滅，人民移徙至平城，必然也帶來開鑿石窟技術，宿白〈雲岡石窟分期試論〉就說：

> 從窟的整體安排到各種形象及其細部的雕刻技藝，水準都很高，這決不會都是北魏恢復佛教後不久就能夠突然產生的。

所以再回到從明窗大小推斷開窟先後：如為了美感、採光、輸運廢棄石料方便、清晰目睹巨大石佛尊容，以引發崇拜畏愛心理等因素，現今有明窗的四窟，不應只第十八窟有較大明窗，開闢較大明窗應該是最先的營造法才合理，只是第二十窟前壁嚴重崩毀（現今第十八窟明窗西側尚見有一道裂隙用鐵質細腰加固），這才使得後續開鑿的十九、十七、十六三窟明窗變小，且十六窟比十七窟還小。

五帝與佛名的對應

曇曜請求開窟，結合帝王與如來為一體，目的是為避免再度發生滅佛浩劫，但五尊大佛分別是甚麼佛名，學界說法也非常分歧，宿白除了說十六窟是釋迦立像，其餘皆說成三世佛；趙一德〈雲岡曇曜五窟的佛名考校〉是根據密教五方佛之說，認為十六窟東方阿閦佛、十七窟南方寶生佛、十八窟西方阿彌陀佛、十九窟北方不空成就佛、二十窟中央毘盧遮那佛。閻文儒

《雲岡石窟研究》則是提到十七窟是彌勒菩薩，十八、二十窟是釋迦牟尼佛。吉村怜《天人誕生圖研究．論曇曜五窟——曇曜五窟營造順序》的意見，說能有把握指出十六窟釋迦佛、十七窟彌勒菩薩、十八窟盧舍那佛。谷敏《雲岡石窟》認為除了十七窟是彌勒菩薩，其餘四窟皆是釋迦佛。

由於史料無徵，我們可以思考：以五帝分別對應某一尊佛，是否有意義？其利弊得失又如何？筆者以為並無實質意義；且清楚對應，弊將多於利。因為若有意義的話，《魏書．釋老志》不會記載文成帝命於五級大寺替五位帝王各鑄五尊釋迦像：

> 興光元年（西元四五四年）秋，敕有司於五級大寺內，爲太祖已下五帝，鑄釋迦立像五，各長一丈六尺，都用赤金二十五萬斤。

興安二年的隔年便是興光元年，換言之，石窟開鑿是在戶外，赤金鑄像是在寺內，無論寺內與戶外，都以「皇帝即如來」宣示佛教為助王化、益仁智的國家信仰。此關鍵處在於鑄像與造像時間相近，所以既鑄造道武帝以下五帝，則開窟雕鑿此五帝更無可疑；又若對應某一佛有必要的話，則其何以統一「鑄釋迦立像五」？

再從鑄像各長一丈六，還可以推知武周山壁高度如果一致，石佛雕鑿的高度也會一致才是。由於第十七窟底部又向下鑿深約一公尺，所以有認為是「象徵（太子）還未登基就過世」、「因為被尊諡為恭宗景穆帝的拓跋晃終究未曾即位，為他所開鑿的第十七窟仍須較其他帝王的洞窟要低一些，以示區隔。」若如此，則其造像高度也應該最低才是，但事實並不然，所以向下開鑿應是造像設計與施工產生落差所致。

最後從弊病來說，五帝如果清楚對應某某佛，容易讓觀者產生分別心，觀者將會對帝王的功過好惡移情到諸佛如來身上，這樣不是一件好事；何況從佛法來看，「佛佛道同，法法平等」，鳩摩羅什譯《摩訶般若波羅蜜經・平等品》，佛告須菩提曰：「諸法平等中，無有分別是凡夫人、是須陀洹，乃至是佛。」心、佛、眾生，三無差別，而諸佛體性平等，法身無二，聞思修證也無優劣高下的差異，所以筆者認為當時開窟造像應該就有考量這個問題，不強加對應佛名並明確宣告說明之，正是最好的方策。

〈上官婉兒墓誌銘〉的歷史真貌

陝西考古研究院在二〇一三年八、九月發掘初唐女詩人上官婉兒（西元六六四—七一〇年）之墓，十二月《考古與文物》第六期刊登李明、耿慶剛〈唐昭容上官氏墓誌箋釋〉，正式公布墓誌銘銘文。其中與舊史不同之處，如說她十三歲為高宗才人，這是紙本史料所未見；中宗神龍元年（西元七〇五年）冊封她為昭容，與新、舊《唐書》記載中宗即位，「深被信任，尋拜為昭容」一致，足以糾正《資治通鑑》將時間延到景龍二年（西元七〇八）十一月「以婕妤上官氏為昭容」的訛誤。又《新唐書》記載其父名「廷芝」，根據墓誌，應該《舊唐書》的「庭芝」才正確。

考古學家發掘古墓，所獲墓誌碑銘確實可補史傳不足，但銘幽之作本有「稱美而不稱惡」的

大唐故昭容上官氏銘（墓誌蓋）

大唐故婕妤上官氏墓誌銘并序

傳統，《文心雕龍．誄碑》即說過：「標序盛德，必見清風之華；昭紀鴻懿，必見峻偉之烈。」何況唐人代寫碑碣墓銘也會收受禮金，韓愈常寫這類文章就被稱作「諛墓」，其〈柳子厚墓誌銘〉、〈故太學博士李君墓誌銘〉還能以長者口氣責備柳宗元「不自貴重顧藉」、李于因服食亡身不智，堪稱是極少的例子，所以研究此等作品應先衡量其書寫背景，不能貿然盡信。

不過期刊報章論述〈上官婉兒墓誌銘〉，多相信其真實性。筆者認為最大的歧異點在於史傳認為她與韋后同一陣線，並無決裂，但墓誌銘卻寫她「以韋氏侮弄國權，搖動皇極，賊臣遞構，欲立愛女為儲；愛女潛謀，欲以賊臣為黨。」於是上官婉兒泣血勸諫，反對韋后用事，反對韋后愛女安樂公主請為「皇太女」（即等同皇太子，也就是儲君），於是先揭發彼等罪狀，再請辭官退位，甚至求削髮出家，中宗皆不允許，婉兒便飲鴆明志，幾瀕死亡！後更請降為婕妤，因此墓誌蓋作「大唐故昭容上官氏銘」，蓋內則題「大唐故婕妤上官氏墓誌銘并序」，正與降為婕妤相呼應，這可見她和韋后壁壘分明，非其黨羽。

實際上墓誌銘對上官婉兒生平有許多隱諱之處，例如全篇九八二字有四三四字都在稱美婉兒父祖輩上官弘、上官儀、上官庭芝，對於她因滅門抄家，襁褓時隨母親沒入宮掖，其後得到武則天賞識，自萬歲通天（西元六九六年）便內掌詔命，參決百官表奏之事隻字未提；又說她「亡身于倉卒（猝）之際」，也就是指她死於李隆基聯合太平公主發動政變，掃除韋后勢力的兵亂中；但事實卻是李隆基處死了她，她的死，同時代的武平一《景龍文館記》總結說：

> 晚年頗外通朋黨，輕弄權勢，朝廷畏之矣。

這正是李隆基處死她的關鍵。

墓誌銘最後提及：「皇鑒昭臨，聖慈軫悼，爰造制命，禮葬贈官。太平公主哀傷，賻贈絹五百匹，遣使弔祭，詞旨綢繆。」由此證明上官婉兒的喪事，太平公主（約西元六六五—七一三年）出力最多，所以墓誌銘的內容，無疑出自太平公主的主觀評判，她同時也是要讓處死婉兒的李隆基知道婉兒盡忠唐室，不應被殺。

太平公主與韋后母女本就已經勢同水火，中宗為此極為煩憂，不僅詢問臣下武平一如何使親族和睦，甚至下詔調解雙方衝突，〈相王及太平公主不得拜諸王公主制〉即是免令姑叔下拜子姪，因此太平得以名正言順不拜安樂公主。又安樂公主請為皇太女時，襄陽尉席豫卻上書請立太子，太平公主感到特別欣慰，還極力想推薦他當諫官，這都可以看出雙邊的角力。

至於上官婉兒從襁褓時入宮，與太平公主年齡相仿，又曾是其母武則天的心腹，關係已然匪淺，後來中宗被韋后毒死，婉兒草擬遺詔，立溫王李重茂為皇太子，韋后主政，相王李旦（太平公主之兄，李隆基之父）參謀政事，也是與太平的共謀。有學者認為這是上官婉兒與韋后道不同的證據，才會以相王牽制韋后。然而婉兒與太平交好，與韋后母女情感也不差，婉兒不僅將情人武三思推薦給韋后，她的另一位情人崔湜貪贓枉法，婉兒和安樂公主也協力救助；她不僅常幫韋后母女寫詩唱和，窮奢極欲也是沆瀣一氣，因此筆者認為應如呂思勉《隋唐五代史》所言，婉兒擬此遺詔是「欲持兩端」、「自全之計」，以維持多方勢力的平衡。

墓誌銘還有為了隱諱而違背史實的事例，即婉兒反對韋后母女，請降昭容為婕妤。據《唐會要》與《新唐書》皆是記載婉兒母親鄭氏卒，「婉兒請降秩行服。詔起為婕妤，俄還昭容。」《唐大詔令集》與《全唐文》收中宗景龍二年十一月二十九日〈起復上官氏為婕妤制〉亦云：

> 門下：易著鳴謙，禮稱辭貴，所以崇讓而退滿，推心自得，其道彌光。前昭容上官氏，相門積善，儒宗雅訓，文學冠時，柔嘉順則。內守恬淡，外防奢侈，發於少長，持以周

旋。樂無靡嫚，衣必澣濯，珠璣不珍，墳籍爲寶，故能誠切一室，功宣兩朝。讜議日聞，屢援楚筆，忠規歲納，方輕漢輦。惟此邦媛，鬱爲宮師，遂能德綜十倫，孝高百行。頃罹創巨，爰命權奪。秩茂左嬪，思被光寵；志齊班女，懇陳撝挹。而賢明之業，經濟之才，素風逾邁，清輝益遠，不成厥美，將蔽斯言，今依表奏，以憲圖史，可起復婕妤，主者施行。

中宗制命同樣說她因母喪（頃罹創巨）之故請免職位；反觀墓誌銘正為了彰顯其諫諍之力，便刻意將降秩之事張冠李戴。

上官婉兒文采斐然，繼承祖父上官儀綺錯婉媚的「上官體」，秤量天下文士，開啟近體詩先河，她的〈柏梁體聯句詩〉說：「遠慚班左愧遊陪。」班是西漢成帝時的班婕妤，左是西晉武帝嬪妃左芬（出土墓誌作「左棻」），都是宮廷才女。這除了在中宗〈起復上官氏為婕妤制〉已說過「秩茂左嬪，思被光寵；志齊班女，懇陳撝挹」；張鷟《朝野僉載》也稱讚她：「博涉經史，研精文筆，班婕妤、左嬪無以加。」張說〈上官昭容集序〉甚至說：「昭容兩朝專美，一日萬機，顧問不遺，應接如響。雖漢稱班媛，晉譽左嬪，文章之道不殊，輔佐之功則異。」除了頌揚她的才情，甚至隱惡溢美，表彰她政治著有功績。

然而人畢竟有其多面性，更別說涉入權力競逐的政治圈，如果不加考察歷史情境，直接以新出土的墓誌銘否定史書提及她結黨亂政的一面，那麼史載：「臨淄王（李隆基）兵起，（婉兒）被收。婉兒以詔草示劉幽求，幽求言之王，王不許，遂誅。」婉兒臨死前還拿出草擬的遺詔表態，卻仍然被殺，忠貞如此，未免死得冤；李隆基還沒當皇帝就殺忠臣，不論糊塗昏瞶，或為重建權力結構殘狠至此，「開元之治」也真不知怎麼創立了。

附「上官婉兒墓誌銘」全文：

大唐故婕妤上官氏墓誌銘并序

夫道之妙者，乾坤得之而為形質；氣之精者，造化取之而為識用。埏埴陶鑄，合散資訊，不可備之於人；備之於人矣，則光前絕後，千載其一。

婕妤姓上官，隴西上邽人也。其先高陽氏之後，子為楚上官大夫，因生得姓之相繼；女為漢昭帝皇后，富貴勳庸之不絕。曾祖弘，隨（隋）藤（滕）王府記室參軍、襄州總管府屬、華州長史、會稽郡贊持、尚書比部郎中，與穀城公吐萬緒平江南，授通議大夫。學備五車，文窮三變。曳裾入侍，載清長阪之衣冠；杖劍出征，一掃平江之氛祲。

祖儀，皇朝晉府參軍、東閣祭酒、弘文館學士、給事中、太子洗馬、中書舍人、秘書少監、銀青光祿大夫、行中書侍郎、同中書門下三品，贈中書令、秦州都督、上柱國、楚國公、食邑三千戶。波濤海運，崖岸山高，為木則揉作良弓，為鐵則礪成利劍。采摭殫於糟粕，一令典籍困窮；錯綜極于煙霞，載使文章全盛。至於跨躡簪笏，謀猷廟堂，以石投水而高視，以梅和羹而獨步，官寮府佐，問望相趨，麟閣龍樓，輝光遞襲，富不期侈，貴不易交。生有令名，天書滿于華屋；沒有遺愛，璽誥及於窮泉。

父庭芝，左千牛、周王府屬，人物本源，士流冠冕。宸極以侍奉為重，道在腹心；王庭以吐納為先，事資喉舌。落落萬尋之樹，方振國風；昂昂千里之駒，始光人望。屬楚國公數奇運否，解印褰裳，近辭金闕之前，遠竄石門之外，並從流迸，同以憂卒。贈黃門侍郎、天水郡開國公、食邑三千戶。訪以荒陬，無復藤城之櫬；藏之秘府，空餘竹簡之書。

婕妤懿淑天資，賢明神助。詩書為苑囿，捃拾得其菁華；翰墨為機杼，組織成其錦繡。年十三為才人，該通備于龍蛇，應卒逾于星火。先皇撥亂返正，除舊佈新，救人疾苦，紹天明命。神龍元年，冊為昭容。以韋氏侮弄國權，搖動皇極。賊臣遞構，欲立愛女為儲，愛女潛謀，欲以賊臣為黨。昭容泣血極諫，扣心竭誠，乞降綸言，將除蔓草。先帝自存寬厚，為掩瑕疵，昭容覺事不行，計無所出。上之，請擿伏而理，言且莫從；中之，請辭位而退，制未之許；次之，請落髮而出，卒為挫衄；下之，請飲鴆而死，幾至顛墜。先帝惜其才用，慜以堅貞，廣求入腠之醫，才救懸絲之命，屢移朏魄，始就痊平。表請彰為婕好，再三方許。

暨宮車晏駕，土宇銜哀。政出後宮，思屠害黎庶；事連外戚，欲傾覆宗社。皇太子沖規參聖，上智伐謀，既先天不違，亦後天斯應，拯皇基於傾覆，安帝道于艱虞。昭容居危以安，處險而泰。且陪清禁，委運於乾坤之間；遽冒銛鋒，亡身於倉卒之際。時春秋四十七。

皇鑒昭臨，聖慈軫悼，爰適制命，禮葬贈官。太平公主哀傷，賻贈絹五百匹，遣使弔祭，詞旨綢繆。以大唐景雲元年八月二十四日，窆於雍州咸陽縣茂道鄉洪瀆原，禮也。龜龍八卦，與紅顏而並銷；金石五聲，隨白骨而俱葬。其詞曰：

其一：

「巨閥鴻勳，長源遠系，冠冕交襲，公侯相繼。

爰誕賢明，是光鋒銳，宮闈以得，若合符契。」

其二：

「瀟湘水斷，宛委山傾，珠沉圓折，玉碎連城。

甫瞻松檟，靜聽墳塋，千年萬歲，椒花頌聲。」

唐代駢體經世文的先驅

駢文講求排偶辭藻，注重音韻典故，當六朝文士一味追逐形式技巧的唯美縟麗，駢文也日漸淪喪神魂，成為側重浮詞，空疏不實，與大眾生活完全脫節的僵化文體。

但是，中唐時期的陸贄（西元七五四—八〇五年）雖以儷體行文，卻憑非凡才力，匠心獨運，發揮以散文筆鋒書寫駢偶的特長，摒棄大量穠豔藻飾與冷僻艱澀典故，成為真意篤摯的實用文，因而展現駢儷體辭章學的新風貌。

唐德宗建中四年（西元七八三年），朱泚逆亂。朱泚曾為國家討平涇州劉文喜，建立戰功，後來卻陰謀篡位，發動兵變，攻占長安，自立為帝。陸贄隨從德宗駕幸奉天，一日之內，詔書數百，他揮翰起草，思如泉注，曲盡事情，激勵士氣民心，搖搖欲墜，瀕臨崩解的王朝，

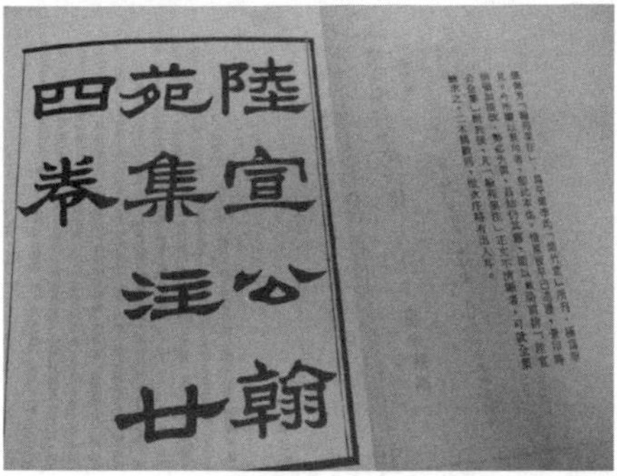

終能轉危為安。

蘇軾擔任新即位的哲宗翰林侍讀學士時，曾建議哲宗閱讀陸贄的奏議，在〈乞校正陸贄奏議進御箚子〉推崇他：「才本王佐，學為帝師。論深切於事情，言不離於道德。智如子房而文則過，辯如賈誼而術不疏。上以格君心之非，下以通天下之志。」

曾國藩於〈聖哲畫像記〉景仰他事多疑之主，馭難馴之將，卻似駕御驁馬，躍登峻阪，艱難橫阻而馳騁自若；《四庫提要》除了說：「《新唐書》例不錄排偶之作，獨取贄文十餘篇以為後世法；司馬光作《資治通鑑》尤重贄議論，採奏疏三十九篇。」並讚揚道：

> 其文雖多出於一時匡救規切之語，而於古今來政治得失之故，無不深切著明，有足爲萬世龜鑑者，故歷代寶重焉。贄尚有詩文別集十五卷，久佚不傳。《全唐詩》所錄，僅存試帖詩三首及《語林》所載逸句。然經世有用之言，悉具是書，其所以爲贄重者，固不必在雕章繪句之末矣。

《新唐書》列傳是古文家宋祁撰寫，宋祁著史標榜「事增於前，文省於舊」，於是令人產生不收駢文的錯覺，但其實不盡然，請看卷一二五〈蘇頲、張説傳〉云：

吐蕃盜邊，諸將數敗，虜益張，秣騎內侵。帝怒，欲自將兵討之。頲諫曰：「古稱荒服，取荒忽之義，非常奉職貢也。故來則拒，去則勿逐，以禽獸畜之，羈縻禦之。譬若獵然，羽毛不入服用，體肉不登郊廟，則王者不射也。況萬乘之重，與犬羊蚊虻語負勝哉？」始，武后末年，爲潑寒胡戲，中宗嘗乘樓從觀。至是，因四夷來朝，復爲之。説上疏曰：「韓宣適魯，見周禮而歎；孔子會齊，數倡優之罪。列國如此，況天朝乎？今四夷請和，使者入謁，當接以禮樂，示以兵威，雖曰戎夷，不可輕也。焉知無駒支之辯，由余之賢哉？且乞寒潑胡，未聞典故，裸體跳足，汩泥揮水，盛德何觀焉？恐非干羽柔遠，樽俎折衝之道。」

盛唐前期，燕國公張説（西元六六七—七三〇年）與許國公蘇頲（西元六七〇—七二七年）齊名，世稱「燕許大手筆」，其著作雖繼承六朝駢風，文句兩兩相儷，但不過分講究對偶隸事，清俊典雅，氣象渾穆，已是駢體經世文的成熟傑構。自安史之亂以至中晚唐藩鎮割據，當時廟堂尚實用的公文寫作，更擴展到藩鎮幕府，王定保《唐摭言》卷十記載下列三條資料：

李巨川，字下己，姑臧人也，士族之鼎甲，工爲燕許體文。廣明庚子亂後，失身於人，佐興元楊守亮幕；守亮，大閹復恭養子。守亮敗，爲華帥韓建所擒。建重其才，奏令掌書奏凡十餘年，名振海內。

李凝古，給事中損之子，沖幼聰敏絕倫，工爲燕許體文。中和中，從彭門時溥。溥令製露布進黃巢首級，凝古辭學精敏，義理該通，凡數千言，冠絕一時，天下仰風。

顧蒙，宛陵人，博覽經史，慕燕許刀尺，亦一時之傑。

李巨川諸人擅長箋啟表狀等應用文字，這類文字習稱「燕許體」，證明唐代駢體經世文的先驅，蘇頲、張說當之無愧；然而權德輿為陸贄《翰苑集》寫序，稱歎陸贄代擬詔書，「雖武人悍卒，無不揮涕激發。」由此可知陸贄制誥除了義理精、氣勢盛，較之「燕許體」在運用駢文經世更顯突出之處，就在於平易化、可親性，富有感染力，才使得無文強悍之輩感激服從。平易誠摯之風，即是陸贄匡救規切之文向前推展，超邁先驅，巋然成一家言的關鍵。

古今多少事，都付笑談中

——影響《三國演義》的名詩〈赤壁〉

文學史上的晚唐兩大詩人為杜牧（西元八〇三—約八五二年）和李商隱（約西元八一三—八五八年）。二人不僅所處時代接近，又同樣以卓越藝術技巧，呈現高華綺麗之致，詩風皆傾向於唯美，因此詩作也不免混淆。清嘉慶年間，馮集梧注杜牧《樊川詩集》，於卷四〈赤壁〉即案云：「此詩又見《李商隱集》。」惟據《新唐書》卷一六六〈杜牧傳〉云：「牧於詩，情致豪邁。」而元代辛文房《唐才子傳》卷五則稱商隱「工詩，為文瑰邁，詞難事隱。」可知在韶秀工麗的詩風中，杜牧顯得俊逸超曠；李商隱則是沉潛幽微，所以清康熙時期程夢星箋注商隱詩即云：

> 此詩（赤壁）歸之杜牧爲是。杜與李各自成家，李沈著，杜豪邁也。（見馮浩《玉谿生

詩箋註》卷六）

另外，明末清初馮班評商隱詩歌，也說到〈赤壁〉「北宋本不載，南宋本始有之。」（馮浩《箋註》卷六）因此，〈赤壁〉仍應歸為杜牧所作才是。

〈赤壁〉詩云：

折戟沈沙鐵未銷，自將磨洗認前朝。
東風不與周郎便，銅雀春深鎖二喬。

前兩句用虛筆興起對前朝人事的感懷；後兩句以實筆抒發自己對形成中國分裂大戰役的觀點，是翻案史論，認為天意促成周瑜赤壁之戰的大捷，若非東風相助，周瑜無法打贏這場仗。自從清雍正年間，王堯衢《古唐詩合解》卷上評此詩云：「杜牧精於兵法，此詩似有不足周郎處。」一些學者便認為杜牧藉古事以抒感慨。如馬清江云：「杜牧一生沈浮宦海，二十六歲中進士，但因秉性耿直，兩度排擠出京，生活頗不得意，而他精於兵法，通曉晚唐政治鬥爭和民族鬥爭形勢，有治國佐政之才，卻始終未得良機一顯身手，故胸中積鬱不平之氣。本詩強調東風作用，意謂像周瑜這樣雄才大略的人物，也需要借助東風之力，離不開客觀條件的便利，而自己雖有周瑜之抱負、才學，卻從無『東風』之便，如果『東風』有助，境遇較好，我杜牧又何嘗不能如同周郎一般，建功立業，大展宏圖？」（《古代詩歌精華鑒賞辭典》，頁四七四）

沈祖棻亦云：「杜牧有經邦濟世之才，通曉政治軍事，對當時中央與藩鎮、漢族與吐蕃的鬥爭行勢，有相當清楚的了解，並曾經向朝廷提出過一些有益的建議。如果說，孟子在戰國時代就已經知道：『天時不如地利，地利不如人和』的原則，而杜牧卻還把周瑜在赤壁戰役中的巨大勝利，完全歸之於偶然的東風，這是很難想像的。他之所以這樣地寫，恐怕用意還在於自負知兵，借史事以吐其胸中抑鬱不平之氣，其中也暗含有阮籍登廣武戰場所發出的『時無英雄，使豎子成名』那種慨嘆在內。」（《唐詩新賞》第十二冊，頁二三一）

但是這種言外感慨，我們從字面上，無法明顯看出。學術研究必須避免穿鑿附會，游談無根，因此對於捕風捉影，礙難查證之說，暫且不予置評。以下要探討的是，此詩對羅貫中《三國演義》的一些影響。

赤壁之戰吹什麼風？

《三國志・周瑜傳》有云，漢獻帝建安三年（西元一九八年），「瑜時年二十四，吳中皆呼為周郎。」可見周瑜生於靈帝熹平四年（西元一七五年），與孫權之兄孫策同年。至建安十三年（西元二〇八年）赤壁（今湖北赤壁市西北）戰時，周瑜年方三十四，竟以火攻大潰魏軍，聲威顯赫！當時曹操敗兵之餘，一方面為了保持顏面，一方面也希望達到離間孫權、周瑜的目的，專程寫信給孫權說：

> 赤壁之役，值有疾病，孤燒船自退，橫使周瑜虛獲此名。（《三國志，周瑜傳注》引《江表傳》）

後代文學家如李白〈赤壁歌送別〉也道：「烈火張天照雲海，周瑜於此破曹公。」蘇軾〈念奴嬌・赤壁懷古〉，更是激賞周郎：「遙想公瑾當年，小喬初嫁了，雄姿英發。羽扇綸巾，談笑間、檣櫓灰飛煙滅。」

但是從杜牧詩中，我們卻看到他對歷史事件的翻案，杜牧以為周瑜的彪炳戰功，完全是僥倖得來。其後羅貫中《三國演義》便預先在赤壁之戰尚未開打的第四十八回「宴長江曹操賦詩，鎖戰船北軍用武」引用這首詩，而杜撰出第四十九回，孔明在南屏山七星壇作法借東風的精彩文字。

《演義》先是敘述鳳雛龐統詐獻鐵鎖連環船之計，鎖住船隻，當時程昱疑言：「船皆連鎖，固是平穩，但彼若用火攻，難以迴避，不可不防。」曹操大笑說：「凡用火攻，必藉風力。方今隆冬之際，但有西風北風，安有東風南風耶？吾居於西北之士，彼兵皆在南岸，彼若用火，是燒自己之兵也，吾何懼哉？」卻說周瑜引眾將立於山頂，遙望江北戰船，忽見曹操寨中黃旗被風吹折，飄落江心，笑曰：「此不祥之兆也！」不料又驟起一陣狂風，旗角拂過周瑜臉上，周瑜似乎猛然悟起一事，大叫一聲，口吐鮮血，往後便倒，立刻被諸將救起，回營求醫調治。孔明聽得魯肅說起周瑜猝病，也笑著說：「公瑾之病，亮亦能醫。」便與魯肅同往探病，並告訴周瑜，只要服一帖順氣的藥方，病馬上就好。因而密書十六字：

> 欲破曹公，宜用火攻；萬事俱備，只欠東風。

這果真洞燭機先，一針見血看穿周瑜的病源，因此「七星壇諸葛祭風」的後續情節，於焉展開……。

其實杜牧這種東風助成周郎的史論，也是其來有自。《三國志・賈詡傳注》裴松之早就說：

> 赤壁之敗，蓋有運數。實由疾疫大興，以損凌厲之鋒；凱風自南，用成焚如之勢。天實爲之，豈人事哉？

但問題正出在「凱風自南」上，「凱風自南」是《詩經・邶風・凱風》的首句，《爾雅・釋天》有云：「南風謂之凱風；東風謂之谷風。」南風和東風的別名並不相同，所以清人潘眉《三國志考證》便說，裴注既言「凱風自南」，「足證唐人東風之誤！」這麼一來，難道是杜牧先錯說為東風，《三國演義》再錯用杜牧的詩，後人也因而錯以為赤壁之戰吹的是東風嗎？

正確答案是，杜牧沒有錯，錯的反倒是潘眉。因為在《三國志・周瑜傳》中，裴松之引用

〈江表傳〉，還特別提到黃蓋詐降縱火時，「東南風急」：

至戰日，（黃）蓋先取輕利艦十舫，載燥荻枯柴積其中，灌以魚膏，赤幔覆之，建旌旗龍幡於艦上，時東南風急，因以十艦最著前，中江舉帆，（黃）蓋舉火白諸校，使眾兵齊聲大叫曰：「降焉。」操軍人皆出營立觀。

所以無論東風、南風，指的就是這及時的東南風。潘眉只注意前面（卷十）的〈賈詡傳注〉，卻忽略後頭（卷五十四）的〈周瑜傳注〉，真是「明足以察秋毫之末，而不見輿薪」！不過隆冬之際，本應如曹操所料，吹的是西北風，為何偏偏吹起東南風？這實在令人費解，也難怪裴松之和杜牧要將它歸諸天意。徐富昌〈無名東風留青史—諸葛亮懂．曹操不懂〉則從節氣上解釋說：

在節氣上，陰曆十月有個小陽春，《爾雅．釋天》謂：「十月爲陽」，《歲時事要》謂：「十月，天時和暖似春，花木重花，故曰小春。」以此觀之，陰曆十月的氣候顯然有異於常，兩軍相遇於赤壁時，也許正好趕上了「天時和暖似春」的時候，而這時，吹上一陣東南風也不無可能。（一九八九年三月十四日，《中央日報．長河版》）

如此說法值得商榷。不僅《三國演義》四十八回，曹操已云：「方今隆冬之際，但有西風北風……，若是十月小春之時，吾早已提備矣。」而且四十九回還說孔明築壇祭風，是從十一月二十日甲子，至二十二日丙寅，這雖與《三國志・魏武本紀》記載十二月才發生赤壁之戰稍有出入，但赤壁戰役不在十月，是絕對可以確定的。因此這突如其來，卻促成魏、蜀、吳三國鼎立的東南風，和《後漢書・光武本紀》云，更始元年，王莽遣大司徒王尋、大司空王邑將兵百萬，包圍光武帝劉秀數千人於昆陽城，忽遇大雷風，屋瓦皆飛，雨下如注，河川暴漲，使得劉秀以寡勝眾，歷史頓然改觀，都應是「天實為之」的異數。

銅雀臺是為二喬而建？

〈赤壁詩〉慨然說：「銅雀春深鎖二喬」，於是引來宋人許顗的痛斥，《彥周詩話》云：

孫氏霸業繫此一戰，社稷存亡，生靈塗炭都不問，只恐（曹操）捉了二喬，可見措大不識好惡！

「措大」也作「醋大」，是罵讀書人的話，類似「腐儒」、「酸秀才」之意。許彥周指責杜牧不識大體，輕重不分；但清人何文煥《歷代詩話考索》則替杜牧辯護說：「詩人之詞微以婉，不同論言直遂也。牧之之意正謂幸而成功，幾乎家國不保，彥周未免錯會。」的確，詩貴含蓄凝鍊，不好像議論文章說得太直率、太刻板，然試想，大喬乃孫策之妻，孫權之嫂；小喬則為周瑜之婦，二女倘被深鎖於銅雀臺，還會有東吳的存在嗎？須知二喬的身分地位，正象徵東吳的政體尊嚴，當曹操揮軍南下時，即寫信給孫權說：

> 近者奉辭伐罪，旌麾南指，劉琮束手。今治水軍八十萬眾，方與將軍會獵於吳。（《三國志・孫權傳注》引《江表傳》）

曹操似已目無東吳，他脅誘孫權歸順，準備和他一起在吳地狩獵。如果連二喬都遭受凌辱，東吳社稷、生靈就更可想而知了，所以這麼說來，誰才是「措大」呢？

而有趣的是，《三國演義》竟因此篡改了史實，說銅雀臺正是為二喬而建的。在第四十四回「孔明用智激周瑜，孫權決計破曹操」敘述孔明佯作不知二喬為孫策、周瑜之妻，並背誦曹植〈銅雀臺賦〉，以激怒周瑜：

> 孔明曰：「亮居隆中時，即聞操於漳河，新造一臺，名曰銅雀，極其壯麗，廣選天下美女以實其中，操本好色之徒，久聞江東喬公有二女，長曰大喬，次曰小喬，有沈魚落雁之容，閉月羞花之貌。操曾發誓曰：『吾一願掃平四海，以成帝業；一願得江東二喬，置之銅雀臺，以樂晚年，雖死無恨矣。』今雖引百萬之眾，虎視江南，其實爲此二女也。將軍何不去尋喬公，以千金買此二女，差人送與曹操。操得二女，稱心滿意，必班師矣。此范蠡獻西施之計，何不速爲之？」瑜曰：「操欲得二喬，有何證驗？」孔明曰：「曹操幼子曹植，字子建，下筆成文。操嘗命作一賦，名曰〈銅雀臺賦〉。賦中之

> 意，單道他家合爲天子，誓取二喬。」……即時誦〈銅雀臺賦〉云：「……臨漳水之長流兮，望園果之滋榮。立雙臺於左右兮，有玉龍與金鳳。攬二喬於東南兮，樂朝夕之與共……。」

又四十八回也說曹操顧謂諸將云：「吾今新構銅雀臺於漳水之上，如得江南，娶二喬置之臺上，以娛暮年，吾願足矣。」事實上，銅雀臺造於獻帝建安十五年（西元二一〇年），《三國志・魏武本紀》云：「（十五年）冬，作銅爵（雀）臺。」也就是赤壁戰後兩年才建築，而《三國志・曹植傳》則云：

> 時鄴銅爵（雀）臺新成，太祖悉將諸子登臺，使各爲賦，植援筆立成，可觀，太祖甚異之。

雖然沒說臺成於何時，但《藝文類聚》卷六十二引了魏文帝曹丕〈登臺賦〉，賦前有序，說他這篇賦是建安十七年（西元二一二年）春，奉父命而作，足見銅雀臺完工於此時；曹植〈銅雀臺賦〉當然也在這時寫成，那麼孔明怎可能在建安十三年的赤壁戰前，即能熟誦？再者，我們若拿孔明背誦的賦篇，和〈曹植傳〉注引陰澹《魏紀》所錄〈銅雀臺賦〉相比對，馬上可以發現「攬二喬於東南兮，樂朝夕之與共」云云，純粹是羅貫中故意加油添醋，以增強故事的可看性，原賦並無這些句子，不能當真。

然而有一點值得說明的是，銅雀臺固然不是為二喬而造，但二喬果真被俘，還是可能深鎖於銅雀臺，據《三國志・魏武本紀》，裴注引〈魏武故事〉載曹操於建安十五年十二月己亥令，其中有曹操告知妻妾：「顧我萬年之後，汝曹皆當出嫁，欲令傳道我心，使他人皆知之。」這與建安二十五年的臨終遺命，大不相同，西晉陸機曾寫〈弔魏武帝文〉，文前有序提及魏武遺命，即曰：「吾婕妤妓人，皆著銅爵（雀）臺。」盧弼集解故譏之云：「欲明心迹，何至令妻妾改嫁？擇言不慎，一至於此！然臨終遺令賣履分香、登臺奏伎，閨房戀戀，至死不忘，乃知『汝曹出嫁』之言，為奸雄欺人之語。」

今觀杜牧詩中既沒說銅雀臺築於赤壁戰前，也沒說銅雀臺專為二喬而建，他只是很實際分析事理，所以不能說他有什麼不對；至於黃永武《中國詩學鑑賞篇》「情感改造時間」條云：「銅雀臺築於建安十五年冬天，是赤壁戰敗以後才建造的。銅雀臺落成，周瑜已死，二喬都成了寡婦。銅雀臺決不是為了要鎖藏大喬小喬而造的……，但憑著作者的想像，把銅雀臺與二喬牽連在一起，產生趣味，造臺的早與晚……，是不必進一步求證的。」（頁一〇六）我們根據上述推斷，〈赤壁〉乃實事求是的史論，並不適合當作情感改造時間的實例。

究竟是「二喬」，還是「二橋」？

杜牧詩中的「二喬」根據《三國志・周瑜傳》云：

> （孫）策欲取荊州，以（周）瑜爲中護軍，領江夏太守，從攻皖，拔之。時得橋公兩女，皆國色也。策自納大橋；瑜納小橋。

那麼「二喬」應寫成「二橋」才對了？事實又不盡然。也的確，一般姓氏所用的「喬」字，最初原作「橋」，據宋代鄭樵《通志》卷二十七所載，「喬」是「以地方為氏」，鄭樵並特別注明：

> （喬氏）即橋氏也。後周文帝（案：即宇文泰，其子宇文覺篡西魏，國號北周，又稱後周，追尊泰爲太祖文皇帝）作相，命橋氏去木，義取高遠。一云，匈奴貴姓，世爲輔相。宋朝有喬惟岳給事中。

鄭樵解釋「喬」本作「橋」，後因宇文泰執政，取「喬」有高遠的意思，才下令「橋」字去木邊。

但同是宋朝人的洪适，曾收集漢碑，編成《隸釋》二十七卷，其第十卷〈太尉陳球碑〉有云：「司空喬玄」。我們如翻閱《後漢書》卷五十一，即發現這位官拜司空，單名玄，字公祖的河南省人，姓「橋」不姓「喬」，因此洪适認為碑文將「橋」作「喬」是借用，可見在宇文泰下令「橋」去木邊之前，「橋」、「喬」已有通用的情形，而後人將「二橋」寫成「二喬」，原因是「橋」已不再作姓氏之用的關係，所以杜牧詩作「二喬」並沒錯。

赤壁戰時，二喬是否依然貌美？

也許有人會問，發生赤壁之戰的時候，二喬究竟多大年歲？如果她們已是美人遲暮，曹操還有「鎖二喬」之心嗎？要解決此一問題，我們得先考證二喬身世背景才行。

（一）二喬是喬玄之女

《三國演義》四十八回，曹操除告訴部將，準備迎娶二喬，置之銅雀臺上外，還說這麼一段話：「吾今年五十四歲矣。如得江南，竊有所喜。昔日喬公與吾至契，吾知其二女皆有國色，後不料為孫策、周瑜所娶！」話中提到和他投契的喬公，正是喬玄，《後漢書・橋（喬）玄傳》即云：

初，曹操微時，人莫知者，嘗往候玄，玄見而異焉，謂曰：「今天下將亂，安生民者其在君乎！」操常感其知己。及後經過玄墓，輒悽愴致祭，自爲其文曰：「故太尉橋公，懿德高軌，汎愛博容。國念明訓，士思令謨……。」

《三國志・魏武本紀》云，建安七年，操軍譙，「遂至浚儀，治睢陽渠，遣使以太牢祀橋玄。」則其並未親祀玄墓；又觀祭文云：「奉命東征，屯次鄉里，北望貴土，乃心陵墓。」顯然曹操遣使致祭的可能性比較大。而《三國演義》既說「喬公與吾至契」，足見羅貫中認為二喬正是喬玄的女兒。但是盧弼集解《三國志・周瑜傳》，在「策自納大橋，瑜納小橋」下有按語，認定二喬必非喬玄之女：

> 橋公二女爲攻皖時所得。據《寰宇記》，橋公爲舒州懷寧人，即漢之盧江郡皖縣人；范曄《後漢書・橋玄傳》，玄爲梁國睢陽人，兩不相涉，果爲玄女，則阿瞞方受知於玄，銅雀春深，早已如願相償，伯符、公瑾不得專此國色矣。

筆者認為盧弼所持的兩點理由，仍可商議。第一，宋代樂史所撰《太平寰宇記》卷一二五，記載舒州懷寧縣北有橋公亭，文中語及漢末橋公二女，孫、周各納其一，但未指實橋公祖籍安徽（皖縣），怎能貿然論斷其籍貫？樂史原文如下：

> 橋公亭在縣北，隔皖水一里既。漢末喬公有二女，孫策與周瑜各納其一女。

第二，賞識是一回事，當女婿又是一回事，《世說新語・容止篇》有段記載說，曹操將見匈奴使者，自以形陋，不足雄遠國，遂使崔季珪代之。喬玄雖然賞識曹操，卻不一定要把兩個女兒全嫁給一個形貌不佳的男人；何況如果二喬尚幼，或曹操已婚，以喬玄的地位，就更不可能將自己女兒讓人作妾了。《三國志・魏武本紀》裴松之注引〈魏書〉云：

太尉橋玄，世名知人，覩太祖而異之曰：「吾見天下名士多矣，未有若君者也。君善自持，吾老矣，願以妻子爲託。」由是聲名益重。

在《世說新語‧識鑑篇》也有類似的記載。所謂「以妻子為託」，只不過希望曹操在他身後，提攜照顧他的家室，並非應允女兒許配於他。當然，這樣的話也有客套的成分，而在群雄逐鹿之際，曹操恐亦疏於照應，才使橋公二女流離。至於筆者仍以為二喬應是喬玄之女，理由也有兩點：

第一，裴松之注《三國志》，在「策自納大橋，瑜納小橋」下引〈江表傳〉云：「策從容戲瑜曰：『橋公二女雖流離，得吾二人作婿，亦足為歡。』」漢魏六朝時代向來注重門第，從孫策這番自豪的話，我們可以看出橋公二女，確實系出名門；且從「流離」二字，我們更可以知道二喬乃是流落安徽，正巧孫、周攻皖而娶到她們，她們的祖籍並不在安徽。

第二，二喬若真是喬玄之女，怕已年紀老大，又怎麼會讓年輕的孫、周二郎動心呢？不錯，孫、周二人同生於靈帝熹平四年（西元一七五年），至獻帝建安初，不過二十餘歲，喬玄之女有沒有可能是這樣的年紀，頗值得推敲，而事實上是有可能的，因《後漢書》記載喬玄於靈帝光和元年（西元一七八年）遷太尉，又於此事之後，記玄少子為綁匪劫持：

玄少子十歲，獨游門次，卒有三人持杖劫持之，入舍登樓，就玄求貨，玄不與。有頃，司隸校尉陽球率河南尹、洛陽令圍守玄家……。

陽球是在光和二年遷司隸校尉，因誅戮宦官王甫等人，為宦官曹節忌恨，白帝徙球為衛尉，同年冬即遭誣死，可見《後漢書・酷吏傳》；《後漢書・靈帝本紀》則云：「冬十月甲申，司徒劉郃、永樂少府陳球、衛尉陽球、步兵校尉劉納謀誅宦者，事泄，皆下獄死。」而喬玄則卒於光和六年（西元一八三年），時年七十五，因此玄少子是他六十一歲才出生；喬玄既可以晚年得子，又何嘗不能晚年生女呢？

上述兩點理由，雖屬旁證，證據即使不算確鑿，但比盧弼的說法，相信圓滿許多。

另須澄清《三國演義》五十四回「吳國太佛寺看新郎，劉皇叔洞房續佳偶」述及孫權聽從周瑜計策，派呂範前往荊州說媒，以便賺來劉備作人質，換取荊州。孔明於是將計就計，定下三條妙策，分裝三封錦囊，由趙雲貼肉收藏，護主入吳。其中，羅貫中只簡單介紹喬國老說：「那喬國老乃二喬之父，居於南徐。」實際上，孫劉締姻，據《三國志・蜀先主傳》是說劉備任荊州牧，孫權覺得他不可輕視，所以「進妹固好」，劉備也因此首度入吳與孫權會面歡敘。

《三國志・蜀先主傳》云：

（劉）琦病死，群下推先主為荊州牧，治公安。（孫）權稍畏之，進妹固好。先主至京見權，綢繆恩紀。

這純粹是一場政治婚姻，史傳既沒說吳國太看新郎，更遑論是由「喬國老」來間接撮合了。

小說家往往為了補足正史交代不清的細節，於是循蛛絲痕影，運用想像，飛絲牽線，繪聲繪形，甚至連作古二十七年的人，也使他還陽了！（《三國志・蜀先主傳》於「廬江雷緒率部曲數萬口稽顙」之後，才記孫權進妹固好。雷緒投誠劉備為建安十四年（西元二〇九年），《三國志・夏候淵傳》有云：「十四年，以淵為行領軍。太祖征孫權還，使淵督諸將，擊廬江叛者雷緒。」建安十四年，距離喬玄之死，已二十七年。）

喬玄死於靈帝光和六年，羅貫中不會不清楚，只是他為了促成孔明的錦囊妙算，所以既要請出吳國太壓制江東碧眼兒孫權，當然也該找個身分地位和國太相稱的人物，從旁穿針引線，於是「喬國老」就這樣復活了。在這裏，《演義》和正史是相違背的，聰明如羅貫中，當然不至於「搬石頭砸自己的腳」，再去引證史書，介紹「橋玄字公祖，梁國睢陽人」云云，所以最好的方式，就是讓「喬國老」有姓無名，亦真亦假地矇混過去了。

（二）吳蜀戰敗，二喬勢必被俘

如果依照上文推算，二喬即使是喬玄晚年才生的女兒，到建安十三年赤壁戰時，應該也有三十餘歲了，在古代來說，當然已不年輕，但富貴中人養尊處優，不至於快速衰老，因此赤壁之戰，吳蜀聯軍若真潰敗，二喬被曹操擄去，並不是不可能；而且可能性極大，我們從史料中，也能找到佐證：

第一，戰俘沒入官家，幾乎是戰爭不變的通則，例如官渡之役，曹操大敗袁紹，《三國志・魏武本紀》記載袁紹建安七年五月嘔血而亡，九年八月，鄴城破，袁紹次子袁熙之妻甄氏，即被曹丕搶先一步娶走了。《世說新語・惑溺》云：

魏甄后惠而有色，先爲袁熙妻，甚獲寵。曹公之屠鄴也，令疾召甄，左右白：「五官中郎已將去。」公曰：「今年破賊正爲奴！」

五官中郎指的正是曹丕，而曹操的遺憾，尤其明顯的在最末一句表露出來。這種戰俘沒入官家的情形，劉禹錫〈蜀先主廟〉，化用《三國志・後主傳》裴注引《漢晉春秋》云：「司馬文王（昭）與（劉）禪宴，為之作故蜀伎，旁人皆為之感愴，而禪喜笑自若。」於是寫成：「淒涼蜀故妓，來舞魏宮前。」可以說是蕩氣迴腸，感慨至深的名句了。

第二，據《三國志・魏書・后妃傳》及〈武文世王公傳〉，曹操曾娶了卞皇后、丁夫人、劉夫人、環夫人、杜夫人、秦夫人、尹夫人、王昭儀、孫姬、李姬、周姬、劉姬、宋姬、趙姬，而姓氏沒列上的，一定還不少，古代王侯三妻四妾，本是尋常，但很值得注意的是，杜夫人原是秦宜祿之妻，且生了兒子秦朗，曹操圍下邳城，關羽請以杜氏為妻，操疑其有色，及城陷，一見果然，便自己娶了，這在《三國志》魏明帝青龍元年十月，裴注引《魏氏春秋》，記載得很詳細。又尹夫人原是漢末大將軍何進的媳婦，她與何咸生了一位著名的清談家何晏，但她後來也被曹操娶了，見《三國志・何晏傳》。另外〈張繡傳〉也說，曹操納張濟妻，張濟是張繡亡叔，所以張繡含恨，偷襲曹營，這就是平劇〈戰宛城〉的本事，《三國演義》十六回，敘述曹孟德敗師清水，也把這件因桃色引發的軍事政變，描繪得很傳神。由此可見，曹操好美色，並不因其適夫生子即嫌棄作罷。

第三，曹操不嫌棄已婚生子的美女，同類的情事，在孫權、劉備身上也看得到。《三國志・蜀書・二主妃子傳》中提到先主穆皇后吳氏，初嫁劉焉之子劉瑁，瑁死寡居。劉備既定益州，而孫夫人又與他感情破裂還吳，群臣便勸劉備聘娶吳氏。這當中應該還有接管、安撫劉焉家族在蜀之政經勢力的另一層意義。而〈吳書・妃嬪傳〉說到孫權娶的徐夫人，居然是孫堅之妹（孫權姑母）的孫女，也就是孫權的表侄女，徐夫人最初嫁給同郡的陸尚，陸尚死，孫權便娶了她。足見當時婦女再嫁，並沒受到任何社會輿論的壓力，而男性也能接受女性再婚的事實。漢樂府〈孔雀東南飛〉敘述劉蘭芝被遣回娘家，縣令、太守相繼派人說媒提親，正是當時的社會寫照。

從上述三點理由，讓我們更加相信，二喬即使是三十開外，甚至已生兒育女，一旦吳蜀聯軍失利，曹操「攬二喬於東南兮，樂朝夕之與共」，絕非癡人說夢。

結語

古人多以小說遣興解頤，從來不曾拿它當正經學問去研究，但它的影響力，有時比正經學問還來得直接深遠。《東坡志林》卷六，蘇軾引述王彭的話就說：

王彭嘗云：「塗巷小兒薄劣，爲其家所厭苦，輒與數錢，令聚聽説古語。至説三國事，聞玄德敗，則嚬蹙有涕者；聞曹操敗，則喜唱快，以是知君子小人之澤，百世不斬。」

而《新唐書》卷九十七〈魏徵傳〉，唐太宗也說：「以古為鏡，可知興替。」一的確歷史像一面鏡子，可以輔助世人明白盛衰的原理，不過這面鏡子，在小說家如同魔法師的神通變現下，儼然成為一面魔鏡，鏡中出現的歷史人物，固然可以纖毫不爽地顯露清晰影像，卻也隨時有扭曲變形，時而膨脹，時或萎縮不見的可能。我們看《三國演義》，經過羅貫中圓而神的渲染點化杜牧詩文，結果東風被借來了；銅雀臺也為了二喬而提早完工了；喬國老更變成百歲人瑞了，這不正應了「身後是非誰管得」的名言嗎？

然而小說家在改寫歷史的同時，我們也深深感受到他洞察人性，一針見血的犀利和靈敏，足以補充史實的幽微隱晦，所以又怎能說赤壁之戰不吹東風呢？又怎能說東風是吹在十月小陽春呢？又怎說二喬非喬玄之女呢？又怎說二喬已嫁，曹操便無納之之心呢？固然《三國演義》開卷詞云：「古今多少事，都付笑談中。」但笑談的背後，還藏著多少吸收消納與觀察體會，才換得魔法師偷天換日，彌縫無痕的傳神演出！

羅貫中《三國演義》赤壁鏖兵一節，得到杜牧〈赤壁〉詩的啟發，而有活神活現的描繪，反觀〈赤壁〉也因《三國演義》的廣受喜愛，而更膾炙人口。在我們生活周遭，以一己的光與熱，傳佈影響他人，反而使自己名聲益顯的實例，相信是不在少數的。

「儂家舊姓西」

——蘇軾的戲題

蘇東坡〈飲湖上初晴後雨〉二首之一提到杭州西湖景致，說：「水光瀲灩晴方好，山色空濛雨亦奇。欲把西湖比西子，淡妝濃抹總相宜。」這是流傳至今，許多人仍喜歡密吟恬詠的名詩；西湖正因這首詩的關係，又稱西子湖。但西子，也就是眾所周知的西施，究竟何許人也？

據《左傳》、《國語》、《史記》等史書所載，並沒有「西施」此人，最早將西施納入吳越爭霸史的，是東漢時代撰寫《吳越春秋》的趙曄（生卒不詳，約於光武帝、明帝、章帝之時存世）。《吳越春秋》屬於稗官野史「小說家言」，不能以信史看待；但趙曄「創造」的西施，卻大有來歷：

第一，西施（或稱西子）之名，早見於《慎子》、《莊子》、《管子》、《墨子》、《孟子》、《戰國策》等子史諸書，是與東施、厲人、嫫母等醜婦相對的美女典型。

第二，《國語．越語上》有如此記載：「（勾踐使文種求和於吳）曰：『……願以金玉、子女賂君之辱，請勾踐女女於王；大夫女女於大夫；士女女於士……。』……越人飾美女八人納之太宰嚭，曰：『子苟赦越國之罪，又有美於此者，將進之。』」足見越王勾踐敗於吳王夫差之後，確實以女樂進獻求和，太宰嚭最初即得美女八名，則奉獻夫差的美女數量，必定多於太宰嚭。

因此趙曄的「小說家言」認為越國使出美人計，並非無的放矢，只是將不知生於何代的「古之好女西施」（《孟子．離婁下》趙岐注）移花接木，變成惑吳興越的「巾幗英雄」，純粹出於虛託想像罷了。

後代文人都覺得西施惑吳興越的故事很動聽，一點也不懷疑「女間諜」身分真假，譬如王維〈西施詠〉便讚嘆西施艷色天下重，「朝為越溪女，暮作吳宮妃」；李白〈西施〉說：「勾踐徵絕豔，揚蛾入吳關。提攜館娃宮，杳渺詎可攀。一破夫差國，千秋竟不還。」皮日休〈館娃宮懷古五絕之五〉則說：「響屧廊中金玉步，採蘋山上綺羅身。不知水葬今何處，溪月彎彎欲效顰。」對其身世、美貌或結局都予以高度讚賞和惋惜。

陸龜蒙〈和襲美（皮日休）館娃宮懷古五絕之一〉雖然刻意翻案，說：「三千雖衣水犀珠，半夜夫差國暗屠。猶有八人皆二八，獨教西子占亡吳。」認為越軍來襲時，夫差的國家已經暗暗自我毀滅，何況二八佳麗不是西施一人，滅亡吳國的名聲不該由西施一人承擔。儘管陸龜蒙翻案，畢竟仍相信此事為真，我們更別說還有許多演繹《吳越春秋》故事，成為小說、戲劇、影視作品供後世傳頌，所以幾乎大家都相信西施真有其人。

現在姑且不論西施究竟是「古之好女」，或「越溪女、吳宮妃」，既然談到她，總該了解她的名姓，那麼西施姓西名施嗎？為什麼她叫西施？

喻守真編《唐詩三百首選析》，在王維〈西施詠〉下的附注說：「西施，就是西子，姓施，名夷光，越國的美女，是苧蘿山下賣柴的女兒，越王勾踐尋來獻給吳王夫差，吳王非常寵愛她，因此為越所破滅。」

一般人印象中的西施生平傳略大概就這樣。遺憾的是，傳略乃是根據《吳越春秋》、《拾遺記》等資料拼湊而成，甚至連西施的姓名都未必可靠！西施名「夷光」，是擷取苻秦方士王嘉《拾遺記》而來，但《拾遺記》卷三只說：「越又有美女二人，一名夷光，一名修明，以貢於吳。」根本沒說西施名字是夷光，何況《拾遺記》屬於志怪小說，所以這種說法明顯穿鑿。

依照古人觀點，大部分都認同西施姓施，因為她住在東施家的西邊，所以叫西施。像宋之問〈浣紗篇贈陸上人〉，不僅認為吳滅之後，西施未死重返家鄉，同時轉而對出家守戒的陸上人開玩笑說「來住我西邊的家」：

> 越女顏如花，越王聞浣紗。國微不自寵，獻作吳宮娃。山藪半潛匿，苧蘿更蒙遮。一行霸句踐，再笑傾夫差。豔色奪人目，斅嚬亦相誇。一朝還舊都，靚妝尋若耶。鳥驚入松網，魚畏沈荷花。始覺冶容妾，方悟群心邪……。永割偏執性，自長薰修芽。攜妾不障道，來止妾西家。

又南宋葛立方《韻語陽秋》卷六，也連引多家詩作為證：「黃魯直詩云：『世有捧心學，取笑如東施』；梅聖俞云：『曲眉不想西家樣，餒腹還如二子清』；《太平寰宇記》載西施事云：『施其姓也。』是時有東施家、西施家，故李太白〈效古〉云：『自古有秀色，西施與東鄰。』」

當然，西施家住西邊的觀點得之於「東施效顰」；「東施效顰」典故出於《莊子．天運》。《莊子．天運》說：「西施病心而矉（顰）其里，其里之醜人見而美之，歸亦捧心而矉其里。其里之富人見之，堅閉門而不出；貧人見之，挈妻子而去之走。彼知美矉而不知矉之所以美。」細讀原文，並沒說西施住西家，而另一位名叫東施的「醜人」住東家，所以西施姓施，未必是肯定且唯一的答案。

近人研究訓詁學者，甚至有認為西施之「施」猶「姨」，「西姨」指的是住在西家的一位年輕女性。如此說來，「施」更不是這位歷史美女的姓了。

然而西施的「西」，除指西家外，有沒有可能姓西呢？葛立方《韻語陽秋》即疑惑東坡詩集中的〈次韻代留別〉，居然說西施姓西，他認為此詩與《太平寰宇記》所言不同，原因是：「豈為韻所牽耶？」蘇詩如下：

絳蠟燒殘玉斝飛，離歌唱徹萬行啼。

他年一舸鴟夷去，應記儂家舊姓西。

蘇軾究竟根據什麼資料論斷西施姓西呢？清乾隆年間何文煥《歷代詩話考索》斷定此詩末句的「姓」字錯了：

余疑「姓」或是「住」字，殆傳寫之訛，昔人亦曾辨之。

版本訛誤在中國古書很常見，何氏的懷疑並非沒有道理，至於說「昔人亦曾辨之」，康熙年間查慎行《蘇詩補註》卷九已說：

（南宋呂本中）《呂氏童蒙訓》曰：「東坡詩云云，僕謂坡公不應如是之誤，乃是『舊住西』傳寫之訛，以『住』字爲『姓』字耳。既是姓西，何問新舊？此說甚不通。『應記儂家舊住西』，正此一字，語意益精明矣。又按王楙《野客叢書》所辨，與此亦略同。」

事實上，除了認定西施姓西；或者礙於押韻；或者詩歌傳寫有誤這幾種情況外，似乎還有一種說法可以成立。我們知道，東坡喜歡開玩笑，筵席間的寫作也離不開怡情遣興，所以這首詩極可能是遊戲筆墨，並非東坡真以為西施姓西。

此詩題目是〈次韻代留別〉，在東坡詩集中，我們看到有另一首〈贈別〉，就在〈次韻代留別〉之前，詩云：

青鳥銜巾久欲飛，黃鸝別主更悲啼。
慇懃莫忘分攜處，湖水東邊鳳嶺西。

可見〈次韻代留別〉是東坡代歌女寫詩為自己留別。他用了范蠡和西施的典故，「鴟夷」指鴟夷子皮，即變易名姓的范蠡。杜牧〈杜秋娘詩〉有云：「西子下姑蘇，一舸逐鴟夷。」西施離開姑蘇，駕著船去追隨范蠡，這是與西施最終死去，或者返回故鄉，又一種不同的說法。

東坡較同意這種說法，其〈水龍吟．小舟横截春江〉云：「五湖聞道，扁舟歸去，仍攜西子。」而此首〈次韻代留別〉則說范蠡駕舟離去，應該還會記得西施，言下之意即以歌女的口氣說：「你走後千萬別忘了我！」此處「舊姓西」的「舊」便不是「新舊」而是指「舊交」。這位歌女才情見識或許不高，否則就該親手動筆，不須勞煩行將離去的東坡次韻代作，因此東坡才開玩笑的說：「儂家舊姓西。」當然，這種無傷大雅的玩笑，是有助於化解離愁的。

東坡在仁宗嘉祐二年（西元一〇五七年）考進士，試題為〈刑賞忠厚之至論〉，東坡文章說：「當堯之時，皐陶為士，將殺人。皐陶曰：『殺之』三；堯曰：『宥之』三。故天下畏皐陶執法之堅，而樂堯用刑之寬。」歐陽脩在試後問其典出何處？東坡說：「想當然耳！」同理可證，西施既文獻不足徵，又何嘗不能「想當然耳」？

這般暗寓戲笑的文字，在文學作品並非少見，唐人傳奇〈霍小玉傳〉，霍母介紹李益讓小玉認識時說：「汝嘗愛念『開簾風動竹，疑是故人來。』即此十郎詩也。」詩中的「簾」與「風」字，在李益原詩〈竹窗聞風早寄苗發司空曙〉為「門」與「復」；宋代吳曾《能改齋漫錄》卷五、吳幵《優古堂詩話》皆說：「改一風字，遂失詩意。」

李益詩歌首四句為：「微風驚暮坐，臨牖思悠哉。開門復動竹，疑是故人來。」這是說向晚時分，一陣微風吹來，吹開院門，拂動竹叢，聲響是那樣熟悉，讓他誤以為故人來了。但在小說中，唸詩的人是霍小玉母親，平日她聽小玉讀詩，不求甚解，很可能誤混南朝樂府〈華山畿〉：「風吹窗簾動，言是所歡來。」變成「開簾風動竹」了。

記得當年王夢鷗師講授唐人小說，提到小說家妙筆傳神，總是擊節讚賞；反觀東坡詩云：「舊姓西」，豈非有異曲同工之妙？原來歌女術業非所專精，故以為西施理所當然姓西。

綜合上述諸論點，西施真正身分，既已淹沒在歷史洪流之中，代之而起的，反倒有許多虛構和假想，因此，雖然多數人認為西施姓施比較「妥適」，筆者也認為姓西只是蘇軾戲題，但誰能打包票說西施絕不姓西呢？

百面辣椒

——不可或缺的古代民生必需品

關於辣椒的用途，或說在米缸放幾枚辣椒，可防蛀蟲；或說多吃辣椒，有助於改變做事虎頭蛇尾的個性。在日常生活中，辣椒只作為飲食調味，與民生關係似乎不太大；反觀古代，除了飲食，舉凡禮俗、醫藥、建築、裝飾莫不與椒有關，他們拿它來祭饗、塗壁、釀酒，還將它佩帶在身上，或當香料使用，並作為藥品及男女互相餽贈的禮物……，可說是非常重要的民生物資。

在先秦時期，屈原〈離騷〉就說：「巫咸將夕降兮，懷椒糈而要之。」意思是名叫咸的神巫將於傍晚降臨，我要帶着芳椒和精米，請託祂為我預言吉凶。再看〈九歌・東皇太一〉：「奠桂酒兮椒漿」，是指獻上甜淡的桂酒和辛烈的椒酒（或云椒醬），由此可知椒因具有芳香的氣味，成為迎神、饗神必備的祭品。

又荀子於〈禮論〉說：「椒蘭芬苾，所以養鼻也。」可見椒與蘭蕙鮮花都有特殊芳香，能滿足人的嗅覺，因此人們喜歡佩帶或當香料。杜牧〈阿房宮賦〉說過：「煙斜霧橫，焚椒蘭也。」南宋史繩祖就極為讚賞杜牧用典考究，《學齋佔畢．〈阿房宮賦〉善用事》云：

〈阿房宮賦〉所用事，不出於秦時。只「煙斜霧横，焚椒蘭也」兩句，尤不可及。《六經》只以椒蘭爲香，如「有椒其馨」、「其臭如蘭」、「蘭有國香」是也；《楚辭》亦只以椒蘭爲香，如「椒漿蘭膏」是也。沉檀、龍麝等字，皆出於漢西京以後詞人方引用，至唐人詩文則盛引沉檀，龍麝爲香，而不及椒蘭矣。

《詩經．陳風．東門之枌》還有一句「貽我握椒」，屈萬里先生《詩經釋義》說是女贈男方一握之椒。如此，椒又可算是餽贈的好禮；但推究贈椒之義，則必須參見〈唐風．椒聊〉才會明白。〈椒聊〉云：「椒聊之實，蕃衍盈升。彼其之子，碩大無朋。椒聊且，遠條且……。」意思正是祝頌他人子孫眾多，體格健碩，蕃衍綿遠，所以女贈男方一握之椒，正暗示能為他多生健壯的小寶寶。

由於《詩經》這層涵義的緣故，漢代皇后所居宮殿遂稱「椒房」，同時又因椒性溫香，可保暖、防蛀、除惡氣，所以皇后寢宮皆以椒和泥塗壁，而成為名符其實的「椒房」；後人便以

「椒房」、「椒宮」、「椒屋」、「椒塗」(以椒塗室)作為皇后代稱。顏延年〈宋文皇帝元皇后哀策文〉即說:「蘭殿長陰,椒塗弛衛,嗚呼哀哉!」謝玄暉〈齊敬皇后哀策文〉亦云:「痛椒塗之先廓,哀長信之莫臨。」

西漢哀帝寵幸董賢,詔令其妹為昭儀,位次皇后,也僅能名其所居為「椒風」,而不能僭稱「椒房」,至於《晉書・石崇傳》,石崇與王愷爭競豪奢,石崇雖塗屋以椒,當然也不能稱其所居為「椒房」。然而白居易〈長恨歌〉寫唐玄宗與楊貴妃人天永隔的淒涼,有云:「椒房阿監青娥老」;杜甫〈麗人行〉亦云:「就中雲幕椒房親,賜名大國虢與秦」,以「椒房」作為楊妃的代稱,其故安在?

這是因為玄宗廢了王皇后,便不再立后;寵愛的武惠妃也只是死後才追謚為貞順皇后。而當時楊貴妃專承恩澤,集三千寵愛於一身,雖無皇后之名,卻有皇后之實,《舊唐書・后妃傳》記載楊妃:「姿質豐豔,善歌舞,通音律,智算過人。每倩盼承迎,動移上意。宮中呼為『娘子』,禮數實同皇后。」由此足以證明她當得起「椒房」的稱呼。

再談到飲用椒酒。晉宗懍〈荊楚歲時記〉云:「(正月一日)長幼悉正衣冠,以次拜賀,進椒柏酒。」並引崔實《四民月令》說:「過臘一日,謂之小歲,拜賀君親,進椒酒,從小起(因小孩長一歲,所以先喝;老者「少」了一歲,所以後喝。)椒是玉衡星精,服之令人能

（耐）老。」川楚之人多嗜辛辣，蔚成習俗，實因椒能禦濕除鬱。《本草綱目・蜀椒》有云：「散寒除濕，解鬱結，溫脾胃，補宿食，通三焦，溫脾胃，補右腎命門，殺蚘蟲，止泄瀉。」

南土卑濕，壽多不長，早在《史記・屈賈列傳》即云：「（賈誼）聞長沙卑濕，自以壽不得長」；白居易〈琵琶行〉也說：「住近湓江地低濕，黃蘆苦竹繞宅生。」地濕蒸鬱，必多瘴癘腳疾，瘴癘可以袪免，腳疾則難除避，因此白居易後來有足病，又韓愈〈祭十二郎文〉同樣說：

汝去年書云：「比得軟腳病，往往而劇。」吾曰：「是疾也，江南之人常常有之。」未始以爲憂也。嗚呼！其竟以此而殞其生乎？

現代醫學知道腳氣病患者多缺乏維他命B，而實際上，氣候因素也大有關係。孫思邈《備急千金要方》卷二十二說：「考諸經方，往往有腳弱之論，而古人少有此疾，自永嘉（西晉懷帝年號）南渡，衣纓士人，多有遭者。嶺表、江東有支法存、仰道人等，並留意經方，偏善斯術，晉朝仕望，多獲全濟，莫不由此二公……。」北宋郭思彙編孫思邈《千金要方》及《千金翼方》，成為簡便《千金寶要》也說：「地因寒暑風濕，皆作蒸氣，人足履之，謂之風毒，名為腳氣。婦人產後，尤宜慎此。四時之中，不得久立久坐濕冷之地，令人作腳氣病。酒醉汗出，脫衣靴襪，當風取涼，皆成腳氣。」

因此辣椒便在「散寒除濕」上發揮了醫學方面的功效，《本草綱目》卷三上〈百病主治藥上〉也說：「秦椒，治風濕痺；蜀椒，大風肉枯，生蟲遊走，痺痛死肌，寒熱，腰腳不遂。散寒除濕，為丸。」

一種看來微不足道的小東西，卻在深層人文意涵及文明進展歷程，具有無可取代的地位！

從一件髮飾談保障婦孺的風俗

韓國首爾中區司諫洞有一私立非洲美術館（可參見網址：http://www.africarho.co.kr/），館內展出一件髮飾（如圖），上面雕刻三個人，中間的男子右手搭著身旁女性的肩，左手牽著另一女子的手，在他右邊的女人右手插腿，左手攬住他，而左邊較豐腴的女子，另一隻手則抓著頭。三人牽手搭肩，構成和諧親密的藝術圖像。

館長解說此件飾品呈現非洲一夫多妻的社會風俗。

以現代文明進程來看多妻制婚姻，多半會認為是野蠻落後、對女性造成侵害的不平等行徑，實際上處於生存不易的狀況下，複婚關係對於家庭婦孺，是另一種安全保障。

在條件極為惡劣的非洲，出外漁牧、狩獵的男子很可能驟然喪生於一場意外，他的妻小一旦頓失依怙，恐將顛沛流離，甚至性命不保，因此由近親手足代替死者照顧遺孤孀婦，反而變成富有情義的優良傳統。女性在家中除了分擔家務，照顧兒女，當男人謀生在外，安危莫測，妻子也多了一位姐妹分擔煩憂，排遣寂寥。

原來在蠻荒不文明的背後，別有高尚的人道精神底蘊在其中！看到這一件樸素的髮飾，了解非洲一夫多妻的原始意涵，不禁令人想起《史記．匈奴列傳》記載西漢使者與投降匈奴的中行說論辯「父子兄弟死，則取其妻」是否違反倫常。匈奴與非洲兩種時空闊隔的族群，面對險惡環境，居然不約而同運用同樣模式，維繫家族不致滅絕：

漢使曰：「匈奴父子乃同穹廬而臥！父死，妻其後母；兄弟死，盡取其妻妻之，無冠帶之飾，闕庭之禮。」中行說曰：「匈奴之俗，人食畜肉，飲其汁，衣其皮；畜食草飲水，隨時轉移。故其急則人習騎射，寬則人樂無事，其約束輕，易行也。君臣簡易，一國之政猶一身也。父子兄弟死，取其妻妻之，惡種姓之失也。故匈奴雖亂，必立宗種……。」

因此再觀《後漢書．南匈奴傳》記載西漢元帝時，呼韓邪單于來朝，元帝命以宮女五人賜之，王昭君入宮數年，不見君王，絕望之餘自薦請行，也為呼韓邪生育了子嗣：

初，元帝時，（昭君）以良家子選入掖庭。時呼韓邪來朝，帝敕以宮女五人賜之。昭君

入宮數歲，不得見御，積悲怨，乃請掖庭令求行。呼韓邪臨辭大會，帝召五女以示之。昭君豐容靚飾，光明漢宮，顧景裴回，竦動左右。帝見大驚，意欲留之，而難於失信，遂與匈奴。生二子。

呼韓邪去世，其前閼氏子代立，又欲妻之，昭君面對胡漢異俗的衝突，難以接受，上書請求歸漢，但得到的答案是成帝敕令：「從胡俗。」因此王昭君再度成為復株絫單于的閼氏。

王昭君最終埋骨於胡塵異域之地，無法還鄉，杜甫〈詠懷古跡〉五首之三：「千載琵琶作胡語，分明怨恨曲中論」的淒楚可憐形象，幾乎深植人心；但若了解複婚風俗不是對女性的凌辱與不尊重，反而是照顧弱者、繁衍親族的保證，也許就能減輕為王昭君的嘆息了。

貝葉裏的說書人
—尋訪佛經與文史的故事

作者◆林伯謙
繪圖◆黃婉郁 劉好音
發行人◆王春申
編輯指導◆林明昌
營業部兼編輯部經理◆高　珊
內頁編排◆劉曜徵
責任編輯◆吳素慧
美術設計◆吳郁婷

出版發行：臺灣商務印書館股份有限公司
地址：23150新北市新店區復興路43號8樓
電話：（02）8667-3712　傳真：（02）8667-3709
讀者專線：0800-056-196　郵撥：0000165-1
E-Mail：ecptw@cptw.com.tw
網路書店網址：www.cptw.com.tw
臉書：facebook.com/ecptw
網址：www.cptw.com.tw
部落格：blog.yam.com/ecptw

局版北市業字第993號
出版一刷：2015年5月
定價：新台幣350元

ISBN 978-957-05-2995-1

貝葉裏的說書人一尋訪佛經與文史的故事
/ 林伯謙著. --初版.-- -- 新北市 : 臺灣商務,
2015.05

面； 公分.

ISBN 978-957-05-2995-1(平裝)

224.515 104003855